August Potthast

Friedrich Wilhelm III., König von Preußen

Erinnerungsblätter an seine glorreiche Regierung

August Potthast

Friedrich Wilhelm III., König von Preußen

Erinnerungsblätter an seine glorreiche Regierung

ISBN/EAN: 9783955640224

Auflage: 1

Erscheinungsjahr: 2013

Erscheinungsort: Bremen, Deutschland

@ EHV-History in Access Verlag GmbH, Fahrenheitstr. 1, 28359 Bremen. Alle Rechte beim Verlag und bei den jeweiligen Lizenzgebern.

Friedrich Wilhelm III.

König von Preußen.

Erinnerungsblätter

an seine glorreiche Regierung

bei Gelegenheit der

Enthüllung des ihm errichteten ehernen Standbildes

zusammengestellt von

Dr. August Potthast.

Berlin, 16. Juni 1871.

Verlag der Königlichen Geheimen Ober-Hofbuchdruckerei

(R. v. Decker).

Die Nebel, welche viele Menschenalter hindurch den Horizont Deutschlands getrübt haben, sind jetzt zerstreut und geben einem hellen Sonnenblick in eine erfreuliche Zukunft Raum. Die Mißtöne sind verstummt, welche so lange in der Seele jeden Vaterlandsfreundes wiederklangen, wenn er sein Auge der großen Vergangenheit Deutschlands zuwendete und das, was es seinen materiellen und geistigen Kräften nach im europäischen Staatenverbande hätte sein können und sein müssen, mit dem verglich, was es durch eine verhängnißvolle Wendung seiner Geschichte geworden war.

Mit ungestümer Kraft und unerschütterlicher Ausdauer haben unter Führung des preußischen Heldenkönigs Wilhelm, welcher später einstimmig zum Haupte des neuerstandenen Reiches gewählt mit der Glorie des deutschen Kaisers geschmückt wurde, sämmtliche deutsche Stämme das stolze, in Uebermuth, Selbstsucht und Unverstand verkommene Frankreich bekämpft und gestürzt, und so das unserm schönen Vaterlande von den lüsternen Fremden drohende Verderben abgewendet.

Heute sehen wir die heimgekehrten Truppen, vertreten durch Abtheilungen aller deutschen Heereskörper, mit dem Ruhme ununterbrochener Siege gekrönt, ihren Triumphzug in die Residenz unter dem lautesten Jubel der Bevölkerung halten. Heute feiern wir die Enthüllung eines Denkmals, welches in innigster Dankbarkeit zu seinem hundertjährigen Geburtsfeste dem preußischen Könige errichtet ist, der die jetzigen glorreichen Tage angebahnt und Jahre des Heldenthums in Preußen und durch Preußen in Deutschland hervorgerufen hat; bei dem die Erhaltung und die immer inniger zu schließende Verbindung zwischen Deutschland und Preußen der leitende Gedanke während seiner ganzen Regierung blieb und der demselben ganz besonders in der hochwichtigen Schöpfung, welche diese Verbindung zu einer fast unauflöslichen machte, in dem Zollverein festen Ausdruck gab: Friedrich Wilhelm III.

Gewiß wird es demnach gerechtfertigt sein, wenn wir das Bild dieses unvergeßlichen Königs von neuem vor die Seele rufen und in dankbarer Rückerinnerung den folgenden kurzen Lebensabriß unsererseits zu einem Denkmal der Verehrung und Liebe für Friedrich Wilhelm III. gestalten, der heute aus den Wohnungen des Friedens segnend auf das neue Deutschland, auf seine todesmuthigen Krieger und auf uns herabsieht.

Es war der 3. August des Jahres 1770, als Friedrich Wilhelm III. zur Freude seines Oheims Friedrichs des Großen, des gesammten königlichen Hauses und des preußischen Landes in Potsdam das Licht der Welt erblickte. Seine Geburt erregte um so größern Jubel, als die Dynastie Hohenzollern, welche damals aus dem Könige, seinen beiden Brüdern und dem Prinzen von Preußen bestand, durch den neugebornen männlichen Sproß ihre Fortdauer nach menschlicher Voraussicht als gesichert annehmen durfte. Auf Friedrich Wilhelm ruheten mithin vom Tage seines Eintritts in das Dasein große Hoffnungen.

Unter dem Schatten der Lorbern Friedrichs des Großen und von dem Adlerauge seines Geistes überwacht reifte der junge Prinz heran. Sein erlauchter Vater, der nachmalige König Friedrich Wilhelm II., übte weniger Einfluß auf seine Erziehung als seine vortreffliche Mutter Friederike Luise geborene Prinzessin von Hessen-Darmstadt, die durch ihr Herz und ihren mit jeder Tugend geschmückten Wandel den edlen Kindern voranleuchtete als ein Beispiel, wie königlicher Glanz mit einfachem gottergebenem Sinne sich vereinigen lasse. Erziehung und Unterricht waren aber zugleich Staatsangelegenheit. Es galt daher nicht allein die Bildung des Menschen, sondern auch jene des künftigen Herrschers, und der Weise von Sanssouci ordnete und lenkte demzufolge, das einstige Glück seiner Völker bedenkend, mit großer Umsicht den Unterricht, den sein Großneffe als Knabe und Jüngling erhielt.

Während dem General-Lieutenant von Backhoff seine militärische Ausbildung anvertraut wurde, sorgte der Geheime Rath Benisch für seine wissenschaftliche. Besseren Händen hätte der junge Fürst nicht übergeben werden können. Daß kein Zweig des menschlichen Wissens, der dem Inhaber eines Thrones nothwendig ist oder zum Schmucke dienen kann, verabsäumt wurde, bedarf kaum der Erwähnung, und ebenso wenig, daß die ritterlichen Künste sorgfältige Pflege fanden.

So blühete der frische Hohenzoller auf in körperlicher Stärke und Schönheit und reich begabt mit Schätzen des Gemüths. In ihm entwickelte sich jener tiefreligiöse Sinn, der vor Allem, im Innern wie nach Außen, die Krone der Gerechtigkeit erstrebt und jene edle Humanität, die im Abirren von dem Rechten mehr eine Schwäche der Einsicht als einen Mangel an gutem Willen findet, zugleich aber auch die feste tapfere Gesinnung, die unter allen Umständen dem Bösen widerstrebt und in der Zeiten und des Glückes Wandel festhält am tieferkannten Guten. Alle jene Tugenden, bestimmt in der Folgezeit das preußische Vaterland aus tiefstem Verfall zu einer bis dahin nie geahnten Stärke äußerer Macht und innerer Stärke zu erheben, machte Friedrich Wilhelm in solcher Weise sich schon in früher Jugend zu eigen.

Umsichtiger, rastloser Fleiß, Strenge gegen sich und Milde gegen Andere, pünktlichste Ordnung im Geschäfte und Leben waren ihre nächsten

Früchte, mithin ebenso viele andere Tugenden, die den jungen Prinzen zur Wonne seines Hauses, zur Lust seiner bewundernden Umgebung erhoben.

Nur wenige Züge sind aus jenem jugendlichen Leben uns aufbewahrt worden; die erhaltenen aber zeigen den Fürstensohn der eben gemachten Schilderung entsprechend. Es sei hier vor allem die Beibringung einer anmuthigen Sage aus seinem Knabenalter gestattet, so viel bekannt sie auch ist, weil sie treffend beweist, wie schon in den frühesten Jahren sich sein königlicher Geist entfaltete. Einst habe, so erzählt man, der junge Prinz in dem Arbeitszimmer Friedrichs des Großen mit dem Balle gespielt. Dieser sei mehrmals auf den Schreibtisch des Königs gefallen, welcher ihn endlich etwas entrüstet in die Tasche gesteckt habe. Da sei Friedrich Wilhelm nach öfterm vergeblichen Bitten vor den Großoheim getreten und habe mit drohender Miene gesagt: »Jetzt frage ich Ew. Majestät, ob Sie mir meinen Ball wiedergeben wollen: ja oder nein?« Lächelnd habe der große König den Ball aus der Tasche gezogen, ihn dem Prinzen zurückgegeben und dabei die Worte gebraucht: »Du bist ein braver Junge, Du wirst Dir Schlesien nicht wiedernehmen lassen.«

So weiß die Sage im Volke die Charakteristik der Personen, deren Geist und Sinn ihr Schicksal bestimmen, auf das Lebendigste auszudrücken. Wer erkennt in jenem wahrscheinlich erdachten Vorfall und den dabei gesprochenen Worten nicht den großen Friedrich wieder, den Begründer der Weltstellung Preußens, und Friedrich Wilhelm III., der im Bewußtsein seines guten Rechtes wider die überlegenste Macht ankämpfte, den Erfolg aber dem höchsten Herrn anheimgab?

Sechzehn Jahre war der Prinz alt, als Friedrich II. starb. Es war der erste große Schmerz seines Lebens. Der Vater des jungen Fürsten bestieg nun den Thron seiner Ahnen, und Friedrich Wilhelm wurde Kronprinz. Das aber war ein geringer Trost für das Unglück, den erhabenen Genius von hinnen scheiden zu sehen, den die Bewunderung seiner Zeitgenossen mit dem Beinamen »der Einzige« geschmückt hatte.

König Friedrich Wilhelm II. war ein wohlwollender, gütiger Fürst und sein Wille der redlichste und beste; seine Kraft aber reichte nicht aus, um die allerdings künstliche politische Größe Preußens schwankungslos zu erhalten. Es wurde Gebiet in Polen gewonnen, aber an Achtung verloren. Auch im Innern des Staatslebens schlichen sich Mißbräuche ein; der alte strenge Geist der Regierung entwich, und beinahe hätte die Würde des Thrones gelitten.

Von dem Glanze und der Ueppigkeit, die diesen umgab, durch Sinnesart und sittlichen Ernst geschieden wirkte der Kronprinz, ohne an den Regierungsgeschäften Antheil zu nehmen, im Stillen nach Kräften für das Edle und Gute, und förderte die eigene Bildung nach Kräften.

Die Kriegsunruhen, welche 1792 als nächste Folge der französischen Revolution die Ufer des Rheines zu einem Schauplatz der Verheerung und des Blutvergießens machten, führten den König an der Spitze seiner Truppen ins Feld. Der Kronprinz und sein Bruder Prinz Ludwig begleiteten denselben. Jener theilte alle Gefahren mit dem Heere, alle Beschwerlichkeiten, und bewies bei Pirmasens und Landau, daß er seiner tapferen Vorfahren und Friedrichs des Großen würdig sei.

Diese Zeit bildete für den Prinzen zugleich eine Schule des Krieges und der Politik. So trübe sie an sich war, wurde sie gleichwol Veranlassung seines häuslichen Glückes. Preußens nachherige Königin war die Tochter Herzogs Karl Ludwig Friedrich von Mecklenburg-Strelitz und der Prinzessin Friederike Karoline Luise von Darmstadt. Ihr vollständiger Name lautete Luise Auguste Wilhelmine Amalie. In Hannover, wo ihr Vater zu jener Zeit Gouverneur war, hatte sie am 10. März 1776 das Licht der Welt erblickt, das sechste Kind aus der Ehe der trefflichsten Eltern. Im siebenten Jahre verlor die Prinzessin ihre ausgezeichnete Mutter; doch ein gütiges Geschick sorgte liebevoll für sie und führte ihr mütterliche Freundinnen und Lehrerinnen zu, welche die Eigenschaften ihres schönen Herzens und ihres hellen Geistes mit zarter Sorgfalt pflegten. Im Jahre 1785 ging sie nach dem Verluste ihrer Stiefmutter, der Schwester ihrer rechten Mutter, mit ihrem Vater nach Darmstadt, wo sie fortan wohnte. Ihre Großmutter von mütterlicher Seite, die Landgräfin Marie Luise Albertine von Hessen, eine der ausgezeichnetsten Frauen aller Zeiten, nahm sich der Leitung ihrer Erziehung an. Jene Huld, der sich die Nachwelt bewundernd neigt, jenes zarte sittige Wesen, das alle Schönheit überglänzt, jene ernste Theilnahme an allem Edlen, die sich Blüthen des Genusses in tiefster Bedrängniß zu verschaffen weiß, und jene zarte Menschenliebe, die sich in rastlos thätiger Wirksamkeit erweist und auf tausend Wegen Heil und Segen um sich verbreitet, kurz alles das, was sie zur Schutzgöttin Preußens in der dunkelsten Nacht seines Schicksals machte, waren indessen der Schülerin von jeher zu eigen. Im März 1793 kehrte die junge Herzogin in Begleitung ihrer jüngern Schwester Friederike von einer Reise zu ihrer andern Schwester der regierenden Herzogin von Hildburghausen nach Darmstadt zurück. Um den König von Preußen kennen zu lernen nahmen die beiden Prinzessinnen ihren Weg über Frankfurt a. M., wo er sich damals aufhielt. Von dem Könige zur Tafel geladen trafen sie mit seinen Söhnen dem Kronprinzen und dem Prinzen Ludwig zusammen. Jener neigte sein Herz Luisen zu, dieser Friederiken. Ihre Liebe fand Erwiederung und den Segen der Eltern. Am 24. April fand die feierliche Verlobung der beiden hohen Paare statt. Der König, welcher blos der Eingebung seines edlen und freundlichen Herzens gefolgt war und groß genug dachte, um politische Vortheile da nicht zu beachten, wo es das Lebensglück seiner Kinder galt, verrichtete selbst den Wechsel der Ringe.

Als Mainz am 22. Juli desselben Jahres von den Franzosen geräumt wurde, und durch den Sieg bei Pirmasens am 14. September Deutschlands Sicherheit befestigt schien, kehrte der König in seine Staaten zurück. Am 8. Oktober folgten ihm die beiden Prinzen, und in der Residenz erwartete man mit Sehnsucht die Ankunft der beiden fürstlichen Bräute. Den 21. Dezember trafen sie in Potsdam ein, von den Verlobten begleitet am andern Tage in Berlin, dessen Bevölkerung durch die Huld und Schönheit der Prinzessinnen, besonders durch jene Luisens, entzückt ihren Jubel nach Möglichkeit bethätigte.

Am 24. Dezember fand die Vermählung des Kronprinzen mit allen den bekannten Festlichkeiten statt, die nach altem Herkommen im königlichen Hause üblich sind. Das Festmahl dauerte jedoch nur Eine Stunde. So war es gleichsam ein symbolisches Zeichen, wie unter der Regierung Friedrich Wilhelms III. einfache Lebensweise mit der Majestät des Thrones in anmuthige Verbindung treten würde. Die Vermählungsfeierlichkeiten dauerten bis zum 1. Januar 1794. Am zweiten Weihnachtstage hatte auch die Hochzeit des Prinzen Ludwig stattgefunden. Der Kronprinz brachte die Zeit, die er den Vorbereitungen zu dem einstigen Geschäfte des Herrschers abmüßigen konnte, mit seiner Gemahlin auf seinem Landgute Paretz zu, das er aus eigenen Ersparnissen erkauft hatte. Wer das erhabene Paar hier walten sah, ihn in der Fülle seiner ritterlichen Kraft, sie in der Blüthe der Schönheit strahlend, beide mit hoher Anmuth und höchster Leutseligkeit geschmückt, der hatte genügende Ursache Preußens künftiges Geschick zu preisen. Geräuschlos floß das Leben der Erlauchten dahin, der Kunst, der Wissenschaft, der Geselligkeit geweiht, ein echt deutsches Hauswesen in Verbindung mit jener Würde, welche höchste Geburt und Bestimmung verleihen.

Der erste Unfall, der diese glückliche Ehe betraf, war die am 7. Oktober 1794 erfolgte Niederkunft Luisens mit einer todten Prinzessin. Am 15. Oktober des folgenden Jahres aber ward die Kronprinzessin zum zweitenmale entbunden und zwar von einem Prinzen, der am 28. desselben Monats getauft wurde, später als Friedrich Wilhelm IV. die preußische Königskrone trug und 1861 am 2. Januar ins Grab stieg.

Gab es etwas, was äußerlich die tiefe Ruhe, worin das hohe Paar sein Glück genoß, stören konnte, so war es die Lage Preußens, Deutschlands, Europas. Immer drohender hatte sich das Unwetter im Westen gezeigt, immer siegreicher die Kraft des neuen, gährenden Elements gegen das Alt-Ueberkommene. Der vorschauende Geist des Kronprinzen ließ ihn bereits ahnen, welche Stürme seine Regierung zu bestehen haben würde, während sein Herz unter dem Gedanken litt, welche Unfälle das schöne deutsche Vaterland durch die Zerwürfnisse erleiden müßte, die sich dazu mal unter den leitenden Mächten zu gestalten anfingen und es in Thatkraft und Willen in zwei fast feindselig gegen einander gestellte Theile schied. Nur um so fester deshalb schlossen sich die verwandten Seelen der Gatten an einander. Ihr häusliches Glück wurde am 22. März 1797 durch die Geburt eines zweiten Prinzen erhöht, der die Namen Friedrich Wilhelm Ludwig erhielt und heute als ruhmgekrönter Held im Silberhaar den wiederaufgerichteten Kaiserstuhl Deutschlands innehat.

Kurz vorher und nachher betraf das königliche Haus eine Reihe von schmerzlichen Verlusten. Wenngleich der Kronprinz und seine Gemahlin sie mit Kraft und Ergebenheit trugen, so blieb doch lange eine tiefe Trauer in dem Gemüthe des edlen Paares zurück, die nur allmälig durch innige Religiosität, durch einen tiefen kindlichen Sinn, der seine Sache Gott anheimstellt, durch die Gewalt des lebendigen Glaubens überwunden werden konnte. Am 28. Dezember 1796 starb nämlich Prinz Friedrich Ludwig Karl, unvergeßlich durch seine Tugenden. Am 10. Juli des nächsten Jahres folgte ihm im Tode die Witwe Friedrichs des Großen als ehrwürdige Greisin, von den Mitgliedern des königlichen Hauses aufs Höchste geehrt und geschätzt. Wenige Monate später, am 16. November, wurde auch der König Friedrich Wilhelm II. zu seinen Ahnen versammelt. Seit dem vorigen Jahre hatte seine Gesundheit gewankt. Von dem Badeorte Pyrmont kehrte er im Sommer 1797 kränkelnd zurück. Keine Pflege hatte die schnell sinkenden Kräfte des Monarchen wiederherstellen können. Sein ältester Sohn, jetzt Friedrich Wilhelm III., auf dem von jeher so große Hoffnungen geruht, war nun Herr der Ländermassen, die seine Vorfahren durch Glück, Klugheit und tapfere Thaten sich unterworfen hatten.

Das Vertrauen des Volkes wurde durch Erfüllung seiner gerechten Wünsche in den ersten Regierungsjahren des Königs, in der Zeit von 1797 bis 1806 belohnt. Er gab demselben das erhebende Beispiel eines liebenden Gatten, eines glücklichen Familienvaters; er und seine Gemahlin zeigten durch die Einfachheit im häuslichen Leben den Werth einer weisen Sparsamkeit, die an die Stelle der Verschwendung und des Luxus trat, der früher geherrscht und die Finanzen zerrüttet hatte. Die Sittlichkeit gewann wieder Geltung; die Heiligkeit der Ehe, das Glück des Familienlebens fanden vom bürgerfreundlichen Throne aus wieder Eingang und Achtung bis in die Hütten der Aermsten. Charakteristisch für seine Denkungsart ist die erste Kabinetsordre, welche der siebenundzwanzigjährige Monarch am 23. November 1797 erließ. »Der Obere, heißt es darin, ist schuldig, auf den Dienst seines Untergebenen zu sehen, und ihn mit Ernst und Strenge dazu anzuhalten. Der Staat ist nicht reich genug, unthätige und müßige Glieder zu besolden. Wer sich also dessen schuldig macht, wird ausgestoßen, und sind hierzu keine großen Umstände oder Prozeduren nöthig, sobald die Sache ihre Richtigkeit hat; denn der richtige Geschäftsgang kann nicht eines unwissenden oder unthätigen Individuums wegen gehemmt werden. Das Wohl des Ganzen darf bei einer regelmäßigen Regierung nicht leiden, und dieses kann nur da angetroffen werden, wo Thätigkeit und Ordnung herrscht, wo das Recht eines Jeden mit Unparteilichkeit entschieden wird.«

»Daß dieses geschehe, darauf muß unermüdet gewacht und gehalten werden. Der Obere muß seine Untergebenen immer scharf im Auge haben und ihnen nicht die geringsten Winkelzüge oder Untreue ungeahndet durchgehen lassen. Wenn dieser Gang einmal recht eingeführt ist, so wird, wie ich hoffe, mit Gottes Hülfe das Ganze gehörig zusammengehalten und verwaltet werden können. Ueber dieses Alles werde ich mit größter Genauigkeit und Sorgfalt wachen, den redlichen wackern Mann jederzeit hochschätzen und auszuzeichnen bemüht sein, sowie ich den, der seiner Schuldigkeit nicht gehörig nachlebt, dafür ansehen und nach Maßgabe der Umstände mit Strenge aller Gerechtigkeit zu bestrafen wissen werde; wonach sich ein Jeder zu achten und vor Schaden zu hüten. Dies ist meine ernstliche und bestimmte Meinung.«

»Hienach hat sich das Staatsministerium selbst zu achten und diese meine eigenhändige Ordre durch die einzelnen Departementschefs an die Präsidenten ergehen zu lassen.«

So sprach der König die Grundsätze aus, die er während seiner Regierung befolgen wolle, und nie hat ein Monarch treuer dem nachgelebt, was er Andern zur Regel machte, als Friedrich Wilhelm. Keinen Tag ließ er vorübergehen, ohne mehrere Stunden lang zu arbeiten. Selbst Kränklichkeit bedünkte ihn gegen sich selbst keine Entschuldigung, während sie allen Andern als solche zu gute kam. Auf dem letzten tödtlichen Krankenlager sogar ließ er sich Vortrag halten und ist, wie Friedrich der Große, bis kurz vor seinem Ende nicht blos König, sondern auch Herr geblieben.

Die erste Sorge des Königs betraf die Wiederherstellung der Finanzen, die unter der vorigen Regierung gelitten hatten. Die Ansammlung eines neuen Staatsschatzes begann, ohne daß zu neuen Auflagen wäre geschritten worden. Zweckmäßige Sparsamkeit im Haushalt des Staates, das Lebensprinzip desselben unter Friedrich dem Großen, that eine Art von Wunder. Es wurde möglich, die erst vor Kurzem eingeführte verhaßte Tabaksregie abzuschaffen und dennoch die Rein-Einnahme zu vermehren. So konnte der Sold des Heeres erhöht und manches bisher aus übler Oekonomie Versäumte ins Leben gerufen werden. Die vorhandenen Kapitalien traten in eine zweckmäßige Circulation und erzeugten so neuen Reichthum. Im Jahre 1798 wurde die General-Kontrole der Finanzen gegründet, welcher man die Ober-Rechnungskammer unterordnete.

Von 1798 an ergehen zum Theil eigenhändige Verfügungen, daß

die Accise-Tarife vereinfacht würden, mehrere Gegenstände unbesteuert blieben. Ganz besonders wollte der König den Zustand der Bauern verbessert wissen; er erklärte von frühester Regierungszeit an mündlich und schriftlich, der Landmann müsse von den Fesseln der Hörigkeit und den oft übermäßigen Naturaldiensten befreit werden; schon 1799 erließ er Verordnungen, daß mit solchen Maßregeln auf den königlichen Domänen vorangegangen werde. Da aber kein Bauer und Handwerker, kein Arbeiter in seiner Thätigkeit Erfolg haben konnte, wenn er nicht unterrichtet war, so wendete der König seine besondere Aufmerksamkeit auf das Schulwesen. Deshalb verfügte er 1798 an den Etatsminister v. Massow: das Schulwesen in seinen sämmtlichen Staaten, das so sehr vernachlässigt sei, müsse neu regulirt, die Lehrergehalte müßten verbessert, die Methode des Unterrichts geprüft und geläutert werden. »Unterricht und Erziehung«, so lauten die merkwürdigen Worte des Königs, »bilden den Menschen und den Bürger. Beides ist den Schulen anvertraut. Ihr Einfluß auf die Wohlfahrt des Staates ist von der höchsten Wichtigkeit.« — Den Kreis des Unterrichts wollte der König in den Elementarschulen beschränkt wissen. Neben Lesen, Schreiben und Rechnen sollte der Kern der Religions- und Sittenlehre gelehrt, der Gesang alter Kirchenlieder geübt werden. Friedrich Wilhelm III. wollte zufriedene, glückliche, gottesfürchtige Unterthanen.

Das Religionsedict, durch welches Preußens Ruhm, vorzugsweise der Beschützer der Intelligenz zu sein, unter der vorigen Regierung sehr gelitten hatte, hob er sogleich wieder auf und eröffnete damit aufs neue der Freiheit des Geistes und der Duldung den Weg in seine Staaten. Durch die That wurde erwiesen, daß beide sich mit echter Religiosität vertragen, während die Anmaßung der Scheinfrömmigkeit sich gern mit der Unsitte befreundet. Von da an konnte jeder Preuße seines Gottes in seiner Weise froh werden. In der unter dem 12. Januar 1798 erlassenen Kabinetsordre stehen unter andern folgende treffliche Worte: »Ich selbst ehre die Religion, folge gern ihren beglückenden Vorstellungen und möchte um Vieles nicht über ein Volk herrschen, welches keine Religion hätte. Aber ich weiß auch, daß sie die Sache des Herzens, des Gefühls und der eigenen Neigung bleiben muß, und nicht durch methodischen Zwang zu einem gedankenlosen Plapperwerk herabgewürdigt werden darf, wenn sie Tugend und Rechtschaffenheit befördern soll.« Daß er in der Religion allen Zwang vermieden haben wollte, bestätigte er wiederholt am 18. Juli desselben Jahres, »denn an diesen darf in Angelegenheiten des Gewissens und der Ueberzeugung nicht gedacht werden«; er wollte schon 1798 der bleibenden Verschiedenheit der Meinungen ungeachtet die beiden getrennten Konfessionen der Protestanten durch eine gemeinschaftliche Agende einander näher bringen, »um dadurch selbst den unaufgeklärten Theil der kirchlichen Gemeinden immer mehr und mehr zu überzeugen, daß Friede, Duldung und Liebe die einzig möglichen Mittel der Einigkeit in Religionssachen sind.«

Ueberhaupt lag dem Monarchen ebenso wie die Sache der Religiosität und der Toleranz der Schutz geistiger Bestrebungen am Herzen. Auch eine anständige Publicität hielt er für vereinbar mit dem Zwecke des Staates und zur Förderung des Guten heilsam. In der berühmten Kabinetsordre an den Staatsminister v. Angern sprach er dieses nachdrücklich aus und das Wort wurde frei innerhalb der Schranken des Gesetzes. Mancher Unterschleif kam nun zur Untersuchung, manche kleine Bedrückung der Beamten wurde abgestellt, vieles Schädliche unterblieb. Die damalige Welt des Beamtenthums entdeckte mit einer Art von Grauen, daß es etwas gebe, was kühn genug sei, sich an den Thron zu wenden. Bis dahin hatte sie von der öffentlichen Stimme und deren Macht nichts geahnt.

Die Beförderung der Wissenschaften und der Industrie gehört ebenfalls zu den gemeinnützigen Bestrebungen, welche den Regierungsantritt Friedrich Wilhelms III. und die späteren Jahre seiner Herrschaft auszeichneten. Höhere und niedrigere Unterrichtsanstalten wurden besser dotirt (so der Universität Halle 8000 Thlr. jährliche Mehreinnahme überwiesen), das Medizinalwesen gründlich verbessert, mehrere wissenschaftliche Institute, wie die Naturforschende Gesellschaft in Berlin, aufgemuntert. An die Akademie der Wissenschaften schrieb er schon 1798: »sie möge den Volksfleiß durch glückliche Versuche unterstützen und befördern, die sittliche und gelehrte Erziehung von unbestimmten Grundsätzen reinigen, zur Ausrottung schädlicher Vorurtheile wirken und dem gefährlichen Einflusse einer falschen Philosophie begegnen.« Obgleich der König in den philosophischen Studien alle wahre Moral und alles Heilige geachtet wissen wollte, so neigte er sich doch selbst in früheren Jahre speculativer Untersuchung gern zu und wollte durchaus eine freie Forschung. Er rief den in Jena verfolgten Fichte bereits 1804 nach Berlin. — Ebenso wurde die Kunst vielfach ermuntert und gefördert. Unter dem Vater hatte sie meist dem Privatluxus gedient. Fast das einzige öffentliche Denkmal seiner Zeit ist das Brandenburger Thor in Berlin. Unter dem Sohne wandte sie dagegen sich fast nur dem öffentlichen Nutzen zu. Die Errichtung eines neuen Schauspielhauses, eines zweckmäßigen Gebäudes für die königliche Münze, die Anlegung zahlreicher Kunststraßen, Lebensadern des Völkerverkehrs, fällt in die Zeit der ersten Regierungsjahre des Königs. Ein schönes Denkmal von Schadows Meisterhand erinnert an die militärischen Verdienste des Fürsten Leopold von Anhalt-Dessau, des ruhmvollen Kampfgenossen Friedrichs des Großen und Gründers der preußischen Kriegszucht.

Viele von den hier in kurzem Umriß angedeuteten Maßregeln und Verordnungen gingen unmittelbar vom Könige selbst aus. Doch zog er auch in jener frühen Zeit für die Verwaltung des Innern die erleuchtetsten Männer in seine Nähe. Unter seinen Ministern und Staatsbeamten erscheinen schon damals die Namen Schrötter, Struensee, Stein und Hardenberg.

In äußerer Politik wollte der König den Frieden, der ihm zum Wachsen und Gedeihen der Kräfte des Staates, zur Erreichung seiner landesväterlichen Absichten unabläſſig erschien. Der Friedensschluß von Basel im Jahre 1794 und die infolge deſſen gezogene Demarkationslinie sicherte wie die preußischen Staaten, so auch das übrige nördliche Deutschland vor den Leiden des Krieges nach Süden und Westen hin; dagegen kam es mit England zu Zerwürfnissen. Um die Handelsfreiheit seiner Unterthanen gegen die Anmaßungen des meergewaltigen Britanniens zu schützen, trat der König der zwischen Schweden, Dänemark und Rußland abgeschloſſenen bewaffneten Neutralität bei. Diesem Vertrage gemäß sah er sich genöthigt, im Frühling 1801 zu erklären, Preußen müsse die Mündungen der Elbe, Weser und Ems schließen und zu dem Ende Besitz von den deutschen Staaten des Königs von Großbritannien nehmen. Die Besetzung derselben und der freien Reichsstadt Bremen fand statt; doch auf eine von England gegebene Erklärung erfolgte zwischen Preußen, Dänemark und Großbritannien der Abschluß eines Vertrages, dem zufolge die preußischen Truppen in demselben Jahre zurückgezogen wurden. So war abermals der Friedenszustand hergestellt, und Preußens Waffenruhm gab einem Gefühl der Sicherheit, der Festigkeit der Verhältnisse den Ursprung, das zu freudiger Bethätigung in friedlichem Wirken die ganze Bevölkerung ermuthigte. Verdiente Männer aller Art wurden durch Belohnung und Ehrenbezeugung aufgemuntert, und mit vollen Händen spendete der König, wo es die Hervorrufung neuer Industriezweige galt. So wurde der Chemiker Achard, der Erfinder des Runkelrübenzuckers, mit dem Landgute Kunern in Schlesien beschenkt, damit er daselbst die Sache ins Große betreiben könne. So rief er schon 1802 zur Hebung der Landescultur den Leibmedicus Albrecht Thaer in seinen Dienst, und gewährte anderen tüchtigen Landwirthen, die sich um Verbesserung der Schafzucht verdient gemacht, namhafte Unterstützungen.

Im Jahre 1798 vergrößerte sich die königliche Familie durch die Geburt der Prinzessin Friederike Luise Charlotte, welche später mit Kaiser Nikolaus von Rußland den Thron dieses großen nordischen Reiches theilte. 1801 wurde dem Könige Friedrich Karl Alexander geboren, und 1803 Friederike Wilhelmine Alexandrine Marie Helene, nachmalige Großherzogin von Mecklenburg. An diesen fürstlichen Kindern wurde damals die von Dr. Jenner entdeckte Impfung der Schutzblattern angewandt, und was diesen zu Gute gekommen, sollte jetzt auch für alle Unterthanen zum Segen werden. Schrecklich waren die Verheerungen, welche das Pockengift bis dahin veranlaßt hatte. 1801 verlor Berlin allein gegen anderthalb Tausend Kinder durch die natürlichen Blattern, und die Provinzen litten ungeheuer. Von 6000 Personen, die Jenner geimpft, war auch keine von der Seuche befallen worden. Alle bisherigen Zweifel hatten ein Ende. Sofort wurde in der Residenz eine Anstalt zur unentgeltlichen Impfung gegründet. 1803 erließ der König eine Impfanweisung, die 1804 erweitert wurde; das Vorurtheil gegen die Schutzblattern verlor sich mehr und mehr, und so konnten später die Unterthanen mit heilsamem Zwang zur Anwendung der Mittel angehalten werden, die Tausenden von Menschen Leben oder Gesundheit retteten. Selbst unsere Tage haben diese Wohlthat aufs neue erkennen lassen.

Auf solche Weise bewies sich Friedrich Wilhelm III. nach allen Seiten hin als ein wohlthätig wirkender Genius, der eifrig jeden Anlaß benutzte, das Beste seines Landes zu fördern. Den Staat faßte der König wie Friedrich der Große in seiner Gesammtheit auf; doch war der Staat Friedrichs des Großen von dem Friedrich Wilhelms III. darin verschieden, daß in diesem auch die Persönlichkeiten, die Menschen galten. Es war die Gesinnung des Königs, sein großes Herz, welches diesen Unterschied herbeiführte, und als die Zeit und die Noth mit ihren schweren Händen rettungslos alles Frühere zertrümmert hatten, zeigte es sich, daß nur hierin die Möglichkeit einer Erneuerung, einer Verjüngung des Staates gegeben war. — Da aber Preußens Größe einzig in den Formen begründet schien, wie diese von Friedrich II. geschaffen und beseelt worden waren, mußte es selbst den Weisesten und Umsichtigsten als Pflicht bedünken, das Bestehende durchweg zu ehren; man war der Ansicht, daß die Regierung nur dafür zu sorgen brauche, daß alles im gehörigen Gange bleibe; am einzelnen Theile dürfe nachgeholfen, gebessert werden, das Ganze müsse aber gerade so gelassen werden, wie es da sei. Dieser Ansicht trat der König mit vollem Rechte bei. Der preußische Staat stand auf dem Scheidewege und noch hatte kein anderer gezeigt, wie zwischen dem Abwege der Revolution und dem Beibehalten von allem und jedem Alten der Richtweg beständiger zweckmäßiger Reform liege. Die Möglichkeit, einen solchen Richt- und Mittelweg einzuschlagen, lag bereits vor dem geistigen Auge des Königs, aber es fanden sich nicht die Männer, die kühnen Sinn und Geschicklichkeit genug gehabt hätten, Volk und Staat in denselben zu leiten. Nach Lage der damaligen Verhältnisse hätte der König selbst zur Partei werden müssen, wenn eine durchgreifende Erneuerung des Staatsgebäudes hätte stattfinden sollen. Die Guten aber waren zu jener Zeit mit vollkommen moralischem Rechte der Revolution, welche Gestalt sie auch annehmen mochte, allzu abgeneigt, als daß sie aus eigenem Antriebe dieselbe in das Land hätten rufen sollen. Der König und mit ihm Preußen waren demnach entschlossen, auch unter den veränderten Verhältnissen der Dinge das Gebäude des Staates so aufrecht zu erhalten, wie der große König es errichtet. Ein anderer

Entschluß wäre dem Selbstmord gleich gewesen, und die Antwort der Königin Luise an Napoleon: »Sire, der Ruhm Friedrichs des Großen hat uns über unsere Kräfte getäuscht«, enthält zugleich ein reuiges Bekenntniß für denjenigen, der an die Epoche von Preußens verhängnißvollster Stunde mit vorurtheilsfreier Forschung herantritt.

Die äußeren Verhältnisse des preußischen Königreiches blieben im Gegensatz zu den inneren, die den Geist tiefer Ruhe athmeten, unruhig, verworren, vielfach gestört. Der baseler Frieden, eine schlimme Erbschaft, hatte ihm eine beschwerliche Kriegslast abgenommen, aber er hinterließ als nachtheilige Folge eine schwankende politische Stellung zwischen den großen Mächten, namentlich zwischen Oesterreich und Frankreich, von welchen jedes mit Mißtrauen auf die Schutzmacht Nordbeutschlands hinsah. Die Zertrümmerung und Auflösung Deutschlands hatte nun begonnen. Der Staat Friedrich Wilhelms III. wurde dadurch vergrößert, daß er im Juli 1802 mehrere im Frieden von Luneville ihm zugesicherte Entschädigungsländer in Besitz nahm. Es waren die Bisthümer Hildesheim und Paderborn, der östliche Theil des Bisthums Münster, das Gebiet von Erfurt, das Eichsfeld, die Abteien Essen, Werben, Elten, Herford, Quedlinburg, die untere Grafschaft Gleichen und die Reichsstädte Goslar, Mühlhausen und Nordhausen. Die erwähnten Besitzungen, in denen der König am 25. Februar 1803 bestätigt ward, erhielt er für mehrere Landstriche am linken Rheinufer, namentlich für das Herzogthum Geldern und einen Theil des Herzogthums Cleve und des Fürstenthums Mörs, die Friedrich Wilhelm II. schon nach dem Frieden zu Basel vorläufig an Frankreich überlassen und nachher abgetreten hatte.

Friedrich Wilhelm war jetzt Besitzer eines Staates, dessen Volksmenge gegen 10 Millionen betrug. Vielleicht wären auch schon in jener Zeit die Bemühungen Preußens, sich die Oberhoheit über die in seinem Gebiete liegenden Besitzungen der Reichsritter anzueignen, zu einem günstigen Resultate gediehen, wenn nicht die Einsprache des Reichshofsraths, sowie auch die plötzliche Veränderung der politischen Verhältnisse hemmend und hindernd entgegengetreten wären.

Um seinen Unterthanen die Segnungen des Friedens so lange wie möglich zu erhalten, war der König von Preußen einer der Ersten gewesen, welcher Buonaparte als Kaiser der Franzosen unter dem Namen Napoleon I. anerkannte. Ueberhaupt mußte um desselben Zweckes willen der König manches thun, wodurch es den Anschein gewinnen konnte, als neige sich die preußische Regierung auf die Seite Frankreichs oder als stehe sie wenigstens mit dessen Regierung in gutem Einvernehmen. So war von preußischer Seite schon früher den französischen Emigrirten der Eintritt in die königlichen Staaten verboten, und mehre derselben waren sogar in Baireuth verhaftet, weil sie verdächtig erschienen, mit den Royalisten in Frankreich eine geheime Verbindung zu unterhalten.

Daß für den Kaiser Napoleon damals die Freundschaft Preußens von großem Gewichte war, bewies er dadurch, daß er dessen Könige und mehren seiner höchsten Staatsbeamten das große rothe Band der Ehrenlegion überreichen ließ, welches er 1805 im Februar gestiftet hatte. Und Friedrich Wilhelm III. legte dieses Ehrenzeichen nicht nur an, sondern überschickte auch eine gleiche Anzahl schwarzer und rother Adlerorden dem französischen Kaiser, der sich gerade in Mailand befand, um die italienische Krone auf sein Haupt zu setzen. Geschmückt mit dem schwarzen Adlerorden empfing Napoleon an jenem Tage zwei Deputationen und erschien abends in der Oper.

In Gottes Rathschluß war es indeß bestimmt, daß die Völker durch Kriegsdrangsale gehen sollten, um seine züchtigende Hand zu erkennen. Darum konnte Friedrich Wilhelm bei aller Weisheit und Friedensliebe den Krieg von seinem Lande nicht abwehren. Der französischen Heeresmacht war es gelungen, nach den erfolgreichen Schlachten bei Ulm am 14. October 1805 und bei Austerlitz im Dezember des ebengenannten Jahres einen vollständigen Sieg über die gegen sie vereinigten Oesterreicher und Russen zu erringen. Erstere wurden dadurch zum Abschluß des für sie höchst nachtheiligen preßburger Friedens genöthigt. Aber nur ein Gewaltschritt von französischer Seite hatte jenen Erfolg herbeigeführt. Um nämlich schneller auf dem Kampfplatze anlangen zu können, hatte Napoleon kein Bedenken getragen, die bisher von ihm anerkannte preußische Neutralität zu verletzen und einen großen Theil seiner in Hannover stehenden Truppen durch die Staaten des Königs von Preußen marschiren zu lassen.

Im Namen Friedrich Wilhelms III. verwarf der damalige Kabinetsminister und spätere Fürst von Hardenberg die Entschuldigungsgründe des französischen Gesandten in Berlin. Preußen, äußerte Hardenberg, könne sich das Zeugniß geben, alle Verpflichtungen, die es gegen Frankreich übernommen, bisher aufs treueste erfüllt zu haben. Durch jenen Gewaltstreich sei indeß das bisherige Freundschaftsverhältniß als aufgelöst zu betrachten, und der preußische Staat werde hinfort jede Maßregel ergreifen, die er zu seinem Schutze und zu seiner Vertheidigung für nöthig erachte. Auf des Königs Befehl setzte sich die preußische Heeresmacht nach den südlichen und westlichen Grenzen hin in Bewegung. Zugleich rückte ein Theil der königlichen Truppen in das Kurfürstenthum Hannover, um die alte Regierung wiederherzustellen. Das Freundschaftsband zwischen Friedrich Wilhelm III. und Kaiser Alexander I. von Rußland, bereits im Jahre 1802 zu Memel geknüpft, ward noch fester und inniger, als dieser Monarch im October 1805 zu Berlin eintraf. Damals den 3. November kam in Potsdam zwischen beiden Herrschern ein Vergleich zu Stande, nach welchem den russischen Truppen der früher verweigerte Durchmarsch durch Schlesien gestattet ward. Beide edle

Monarchen festigten ihr Freundschaftsbündniß auf eine außerordentlich rührende Weise. Noch in der Nacht vor seiner Abreise wünschte Kaiser Alexander die Gruft Friedrichs des Großen zu sehen. Um Mitternacht begaben sich der König und die Königin mit ihrem Gaste in die Garnisonkirche zu Potsdam. Hier am Sarge Friedrichs in der feierlichen Stille der Nacht beim Jackelscheine, der die dunklen Räume erhellte, standen in dieser verhängnißvollen Zeit die beiden Herrscher, welche es mit ihren Völkern so treu meinten, und ihre Seelen beschäftigten sich mit großen Gedanken. Alexander küßte den Sarg Friedrichs des Großen, Preußens König legte seine Hand in die seines Freundes, und beide schwuren sich ewige Treue.

Erst nachdem Napoleon einen Waffenstillstand mit den Oesterreichern und Russen abgeschlossen, ließ er den preußischen Staatsminister Grafen von Haugwitz vor sich, der in dem französischen Hauptquartier mit Vermittelungsvorschlägen angelangt war, die aber durch des französischen Kaisers Waffenglück und fast ununterbrochenen Siege von keinem Erfolge mehr sein konnten. Dem preußischen Staate gebot die Politik, den übermüthigen Sieger nicht durch Widersetzlichkeit zu reizen. Eine Convention, die am 15. Dezember in Wien zu Stande kam, bezweckte die Erhaltung des Friedens zwischen Frankreich und Preußen. Jener Uebereinkunft gemäß trat Preußen den Rest des Herzogthums Cleve, das Fürstenthum Neufchatel und die Markgrafschaft Ansbach ab, wogegen es als Entschädigung das kurz zuvor von seinen Truppen besetzte Hannover und von Bayern einen District zur Abrundung des Fürstenthums Baireuth erhielt. Gewiß aber hielt der König in seinem nie abirrenden Gefühl für das Recht diese Landschaften mehr für ein anvertrautes Gut, das bei einem allgemeinen Frieden zurückgestellt würde, als für eine wirkliche Eroberung. Seiner Sinnesart gemäß hatte er also, um seinen Ländern den Frieden zu erhalten, nur Opfer gebracht. Dennoch wurde derselbe bald zur Unmöglichkeit.

Die alte Verfassung Deutschlands war endlich ganz zertrümmert. Unter Frankreichs Schutzherrschaft hatten sich die mächtigeren Fürsten in Süddeutschland vom Reiche losgesagt und sich in den Besitz der schwächeren getheilt. Im Grunde war hierdurch Frankreich Herr des Landes bis zur österreichischen Grenze geworden, das europäische Gleichgewicht aber so gefährdet, daß schon um deßwillen ein Krieg gegen Napoleon völlig rechtmäßig gewesen wäre; Preußen hatte jedoch noch andere und nähere Beschwerden. Wesel, das zum Großherzogthum Berg gehörte, war Frankreich einverleibt worden; dem Schwager des Königs hatte man Fulda entzogen; mitten im Frieden die preußischen Abteien Essen und Werden durch den General Murat weggenommen; die Garantien, welche Preußen anderen Staaten geleistet, vielfach verletzt. Weiter hatte Frankreich mit Rußland und England Unterhandlungen anknüpfen wollen, welche

Preußens Interessen auf das Entschiedenste verletzten, und die französischen Heere wurden der Uebereinkunft gemäß aus Deutschland nicht allein nicht zurückgezogen, sondern sogar noch verstärkt. Napoleon hatte einerseits die Staaten des nunmehrigen Rheinbundes in ein großes Heerlager für sich verwandelt, und andererseits suchte er der Stiftung des von Preußen beabsichtigten Norddeutschen Bundes alle möglichen Hindernisse in den Weg zu legen. Er erklärte sogar, daß die Hansestädte diesem nicht beitreten dürften, indem er sie unter seinen Schutz nehme.

Durch alles dieses war das Interesse Preußens so sehr benachtheiligt, war so viel Zündstoff in der drohenden Gewitterwolke angesammelt, daß sie sich entladen mußte, daß kein anderer Ausweg blieb, als mit einer förmlichen Kriegserklärung gegen Frankreich hervorzutreten. Dies drohende Manifest erließ Friedrich Wilhelm am 9. October 1806 zu Erfurt, wo er begleitet von seiner Gemahlin sein Hauptquartier genommen hatte. Mit Sachsen verbunden stellte er sein Heer kriegsfertig und kampflustig ins Feld; ehe aber noch die erwähnte Erklärung erschien, hatte Napoleon bereits eine Uebermacht an Truppen gegen die Preußen und Sachsen versammelt.

Mit Blitzesschnelle folgten einander die traurigen Ereignisse, welche den völligen Sturz des preußischen Staates zu prophezeien schienen. Die Feindseligkeiten nahmen ihren Anfang damit, daß der Großherzog von Berg am 8. October 1806 bei Saalburg den Uebergang über die Saale erzwang und die dort stehenden Preußen und Sachsen zurückwarf. Dann wurde ein vereinigtes preußisch-sächsisches Corps unter dem General Tauenzien, der sich von Hof nach Schleiz zurückgezogen hatte, bei letztgenannter Stadt am 9. October von dem Prinzen von Ponte-Corvo geschlagen. Am 10. fiel Prinz Louis von Preußen bei Saalfeld, dem Feinde durch seine Tapferkeit Bewunderung abzwingend, den Freunden ein böses Anzeichen für die nächste Zukunft, dem königlichen Hause Anlaß zu tiefem Schmerze und zu kräftiger Erhebung.

Es folgte am 14. October die Doppelschlacht bei Jena und Auerstädt, in welcher die tapferste Gegenwehr und die glänzendsten Beweise persönlichen Muthes vergebens aufgeboten wurden. Sie war der Untergang des gesammten preußischen Heeres, vernichtete den preußischen Kriegsruhm; die Festungen fielen fast ohne Gegenwehr. Eine genauere Erzählung jenes trostlosen Schauspiels, welches Feigheit, Verrath und Charakterschwäche damals boten, möge uns erlassen sein.

Die Königin Luise hatte sich auf die Bitten ihres für sie besorgten Gemahls bereits am 13. October entfernt, um nach Berlin zurückzukehren, während jetzt auch der König vom Schlachtfelde aus sich in eiliger Flucht hinter die Oder zurückzuziehen genöthigt war. Dort traf er mit seiner Gemahlin wieder zusammen. Diesseits des genannten Flusses war in kurzer Zeit fast nichts mehr, was er sein nennen konnte. Nur wenige feste Plätze hielten sich würdig des preußischen Namens und eingedenk der Treue gegen König und Vaterland.

Zu dieser Zeit achtete es Napoleon seiner nicht für unwerth, neben dem Kampfe mit den Waffen auch den Kampf der Schmähungen aufzunehmen. Die französische Staatszeitung »Moniteur« floß über von bitterm Spotte gegen die königliche Familie Preußens, und ihrem Beispiele folgten die übrigen Blätter. Unter den Augen der Sieger selbst erschien sogar in Berlin ein schmutziges Blatt »Telegraph«, welches in wildem Jacobinertone das Volk gegen seinen Herrn aufzuwiegeln bestimmt war und mit den widerlichsten Angriffen auf den König, seine Gemahlin und sein ganzes Haus die Spalten füllte. Durch nichts, selbst nicht durch den am Herzog von Enghien verübten Mord hat sich Napoleon so tief erniedrigt, so schwer an der Menschheit versündigt, als durch seine Lästerung der erhabensten Tugenden auf dem Throne, durch die uneblen Witzeleien über die Königin Luise, dieses glänzende Gestirn unter den gekrönten Frauen, und durch sein rohes Betragen gegen den alten tödtlich verwundeten Herzog von Braunschweig, dem er nicht einmal in der Stadt seiner Väter zu sterben erlaubte. Konnte in dem heute nicht mehr beispiellosen Unglücke (man gedenke der Wiedervergeltung im Feldzuge von 1870!), was über Preußens Thron, Land und Volk hereingebrochen, je etwas Irdisches den König und seine Gemahlin trösten, so war es der Umstand, daß sie mit Recht zu sich selbst sagen konnten, unendlich besser als ihr Feind zu sein, der hier nicht als der große Napoleon, sondern als der gemeine Usurpator des Sansculottenthrones handelte. Vielleicht giebt es für den Besiegten keine größere Genugthuung als das einhellige Zeugniß der Welt, er würde den Sieg als Sieger würdiger benutzt haben.

Das erwähnte traurige Kriegsunglück ließ Friedrich Wilhelm jetzt mehr als je den Frieden wünschen. Am 16. November wurden daher auch in Charlottenburg Unterhandlungen wegen eines Waffenstillstandes gepflogen; allein der französische Bevollmächtigte machte im Uebermuthe des Siegers Forderungen, welche alle Grenzen des Rechts und der Billigkeit überschritten, und verlangte selbst die Einräumung von Festungen und Gegenden, welche noch in den Händen der Preußen waren. Der König konnte also den unterhandelten Waffenstillstand nicht genehmigen, sondern war gezwungen, in dem fernern Verlaufe des Krieges Genugthuung und Ersatz für die erlittenen großen Unglücksfälle zu suchen.

Sein eifrigstes Bestreben war daher jetzt auf die Vorbereitungen zur Fortsetzung des Kampfes gerichtet. Er stellte die Mißbräuche im Heere ab, welche durch den Krieg erst bemerklich geworden waren, bestrafte diejenigen, durch deren beispielloses, unverantwortliches Benehmen das Unglück des Vaterlandes nicht nur beschleunigt, sondern selbst herbeigeführt war, und ermahnte alle höheren und niederen Anführer auf das Nachdrücklichste an ihre Pflicht.

Für Napoleon war es ein Leichtes, den Kampf fortzusetzen. In den eroberten preußischen Festungen und Provinzen fand er Hülfsmittel genug, den fernern Krieg zu führen. Er begab sich zunächst nach Posen, wo er die bereits empörten Polen noch mehr aufreizte, ihre frühere Unabhängigkeit wiederzuerlangen. Schlesien war bisher noch unangetastet geblieben; aber nun gelang es ihm, auch diese Provinz wegzunehmen, obgleich die treuen vaterlandsliebenden Schlesier sich zu einer allgemeinen Bewaffnung verbunden hatten und große Helden unter ihnen aufgetreten waren. So sei vor allen ein Graf Pückler genannt, der später im Unmuthe fehlgeschlagener Hoffnungen einen freiwilligen Tod der Unterwerfung vorzog. Außerdem zeichneten sich noch ehrenvoll in Schlesien aus Fürst Ferdinand von Anhalt-Pleß, Major Graf v. Götzen und Freiherr v. Lüttwitz. Die Festung Glogau wurde von dem Generallieutenant von Reinhart am 3. Dezember nach einer Belagerung von wenigen Wochen übergeben. Breslau ging am 5. Januar 1807 unter dem Generallieutenant von Thile über, nachdem es lange beschossen war und sich nicht mehr halten konnte. Die schwache Festung Brieg, deren Kommandant der Generalmajor v. Carnerath war, mußte sich am 17. Januar nach einem Bombardement von wenigen Tagen ergeben. Die starke Festung Schweidnitz kapitulirte schon nach einem dreitägigen Bombardement unter dem Obristlieutenant v. Hacke und wurde am 16. Februar vom Feinde besetzt. Mit größerm Erfolg hielten sich die übrigen schlesischen Festungen. In Pommern wurde die Festung Kolberg muthig und brav von dem Obrist v. Lucadou und später durch den damaligen Obrist v. Gneisenau vertheidigt. Auch der tapfere Lieutenant v. Schill, vom Könige zum Major erhoben, trug viel zur Erhaltung der Festung bei, indem er ein Freicorps errichtete, das an verschiedenen Punkten dem Feinde vielen Schaden zufügte. In Graudenz in Westpreußen war es der dreiundsiebenzigjährige Kommandant General v. Courbière, welcher durch seine nachdrückliche Vertheidigung alle Angriffe des Feindes fruchtlos machte und die Ehre des preußischen Waffenruhms erhielt. Auch Pillau unter dem Kommandanten Obrist v. Herrmann blieb unbezwungen.

Es ruhten demnach während des ganzen Winters von 1806/07 die Waffen nicht. Die Franzosen waren unter Napoleon siegreich in Preußen und Polen immer weiter vorgedrungen. Friedrich Wilhelm hatte Memel zu seinem Aufenthalt gewählt und sammelte aus den Resten des seit dem Ausbruche des Krieges zerstreuten Heeres und den garnisonirenden Truppen, die bisher noch nicht an den Kämpfen Theil genommen hatten, ein neues ungleich kleineres, aber von dem entschlossensten Muthe und dem feurigsten Wunsche nach Rache beseeltes Heer, welches den Befehlen des Generals von l'Estocq unterworfen ward. In Polen waren die Russen unter Bennigsen bis Warschau vorgedrungen, und sowol

Polen wie Preußen wurden noch vor Ablauf des Jahres 1806 der Schauplatz blutiger Kämpfe, unter denen sich das Gefecht bei Soldau in Ostpreußen und die Schlacht bei Pultusk in Neuostpreußen, beide am 26. Dezember, auszeichneten. Alle diese wenn auch blutigen, aber doch nur kleinen Gefechte waren das Vorspiel zu einer größern Schlacht, welche am 8. Februar 1807 bei Eilau geliefert wurde. Sie gehört, besonders wenn man die ungünstigen Einflüsse der Witterung auf die Kämpfenden in Erwägung zieht, zu den fürchterlichsten Kriegsscenen, die in neuerer Zeit vorgekommen sind. Dreihundert Feuerschlünde schleuberten zwölf Stunden lang den Tod auf beide Theile, das Corps von Augereau litt bedeutend, beide Theile lernten ihre Kraft kennen, bedurften aber nun auch wieder der Ruhe und Ergänzung. Die Russen bezogen schon am 9. Februar eine feste Stellung hinter dem Pregel; die Franzosen blieben bis zum 17. auf dem Schlachtfelde stehen, ohne einen Angriff auf Königsberg zu wagen; dann zogen sie sich in ihre Kantonirungen hinter der Passarge zurück. Mehrere mörderische Gefechte fielen hierauf noch in dem Monat Februar vor, unter denen die bei Dirschau und Braunsberg die bedeutendsten waren. Da fiel endlich auch Danzig in die Hände der Feinde, und die Schlacht von Friedland führte zu dem nothwendig gewordenen unglücklichen Frieden von Tilsit, der am 9. Juli 1807 geschlossen wurde und Friedrich Wilhelm die Hälfte seines Reiches und die blühendsten Provinzen nahm.

Die Friedensunterhandlungen selbst waren schwieriger Natur. Der König weigerte sich nicht, in das unabweisbar Nothwendige einzugehen; aber Napoleon, der von den Mächtigen Schmeichelei, von den Schwachen grenzenlose Unterwürfigkeit verlangte, fand sich beleidigt durch die Art und Weise, wie Friedrich Wilhelm ihm mannhaften Wesens gegenüberstand, beleidigt durch die innere Sittlichkeit und die gemessene Haltung, sowie ernste Würde, womit diese dem Unedlern entgegentrat. Weise Staatsmänner, die vielleicht aller Menschen Herzen kannten, nur das Napoleons nicht, verlangten bringend die Gegenwart der Königin Luise im Hauptquartier in der Meinung, so die Unterhandlungen erleichtert und einen minder unglücklichen Frieden bewirkt zu sehen. Mit aller Ergebenheit eines kindlichen Gemüths trat sie die Reise an und kam, um für Millionen ihrer Landeskinder zu bitten. Sie bat, aber vergebens. Nach drei Tagen stand der Friede fest. Grenzenlos hart waren seine Bedingungen, jedoch nicht entehrend. Unweiser Rath hatte den König in einen Zustand der äußersten Ohnmacht, der Wehrlosigkeit gebracht. Allein auch in diesem Zustande bewahrte er die Krone seiner Väter treu in ihrem Geiste als deutsche, als legitime Krone. Keine Theilnahme am Rheinbunde, kein Familienverhältniß zu Napoleon bezeichnet ein inneres Band zwischen Preußen und dem Reiche der Revolution. Umstrickt von den herkulischen Armen des Eroberers, fast ohne Zug des Odems sprach er dennoch nicht das verhängnißvolle Wort: Ich erkenne dich als Herrn und Beschützer! Kurz nach dem Friedensschluß schrieb die Königin einen Brief, worin es unter Anderm heißt: »Der König ist größer als sein Widersacher. Nach Eilau hätte er einen vortheilhaften Frieden machen können, aber da hätte er freiwillig mit dem bösen Prinzip unterhandelt und sich mit ihm verbinden müssen; jetzt hat er unterhandelt gezwungen durch die Noth und wird sich nicht mit ihm verbinden. Das wird Preußen einst Segen bringen. . . . Diese Handlungsweise des Königs wird Preußen Glück bringen, das ist mein fester Glaube.« Das Opfer, das durch den Frieden zu Tilsit gebracht worden, schmerzte die Königin kaum tiefer, als die Täuschung, die sie in jener verhängnißvollen Zeit erfahren. Sie hatte sich überzeugen müssen, daß die Politik unvereinbar mit dem Bunde der Herzen und daß jeder der Gefahr ausgesetzt ist getäuscht zu werden, wenn er unbedingt auf Freundschaftsversicherungen baut. So war der Königin Lage nach dem tilsiter Frieden nicht weniger drückend als zuvor, nicht nur weil das Land selbst jetzt erst die Folgen des Krieges in ihrem ganzen Umfange fühlte und sich darüber aussprach, sondern auch weil der Feind, noch im Besitze der Landesbezirke, sich mancher Schleichwege bediente, Preußen so spät als möglich zu räumen. Als dieser Zeitpunkt endlich durch die Bemühungen des Prinzen Wilhelm in Paris eingetreten war, sah die Königin mit Sehnsucht dem Augenblicke entgegen, wo sie wieder mit ihrem Gemahl nach Berlin zurückkehren sollte. Die nachfolgende Stelle in einem ihrer damaligen Briefe schildert ihre Stimmung: »Ich lese viel und denke viel, und mitten unter den Leiden giebt es Tage, mit denen ich zufrieden bin; es ist wahr, daß die Menschen keinen Antheil daran haben; in meinem Innern bereitet sich Alles. Von äußeren Dingen ist es allein die Freundschaft des Königs, sein Zutrauen und seine liebevolle Begegnung, was mein Glück ausmacht.«

So war nun der König bis an die äußerste Grenze seines Reiches gedrängt, Alles verloren — nur nicht die Ehre und das Vertrauen auf Gott. Standhaft ertrug er, ertrug sein Volk mit ihm die Leiden jener trüben Tage. Er that alles, die ihm auferlegten Verbindlichkeiten mit gewohnter Treue gewissenhaft zu erfüllen; als aber dennoch die völlige Räumung seiner Staaten immer noch nicht erfolgte, als der französische Kaiser mit unerbittlicher Härte der verarmten Nation noch ferner die unerschwinglichsten Lasten im Frieden auferlegte, unter denen sie im Kriege geseufzt: da blieb Friedrich Wilhelm doch stets seiner Würde eingedenk und verschmähte es, durch Demüthigungen von dem Stolze des glücklichen Feindes Vortheile zu erlangen. Dafür belohnte den edlen König die Freude der Völker, welche preußisch blieben, sowie der unverholene Schmerz derjenigen, welche durch den tilsiter Vertrag andern Herrschern untergeben wurden. „Diese letzteren entließ der König des ihm geleisteten Eides der Treue am 24. Juli 1807 mit folgenden aus Memel datirten Worten:

»Ihr kennt, geliebte Bewohner treuer Provinzen, Gebiete und Städte, meine Gesinnungen und die Begebenheiten der letzten Jahre. Meine Waffen erlagen dem Unglück, die Anstrengungen des letzten Restes meiner Armee waren vergebens. Zurückgedrängt an die äußerste Grenze meines Reiches und nachdem mein mächtiger Bundesgenosse selbst zum Waffenstillstande und Frieden sich genöthigt gefühlt, blieb mir nichts mehr übrig, als dem Lande Ruhe nach der Noth des Krieges zu wünschen. Der Friede mußte so, wie ihn die Umstände vorschrieben, abgeschlossen werden. Er legte mir und meinem Hause, er legte dem Lande selbst die schmerzlichsten Opfer auf. Was Jahrhunderte und biedere Vorfahren, was Liebe und Vertrauen verbunden hatten, mußte getrennt werden. Meine und der Meinigen Bemühungen waren fruchtlos. Das Schicksal gebietet, der Vater scheidet von seinen Kindern. Ich erlasse Euch aller Unterthanenpflicht gegen mich und mein Haus. Unsere heißesten Wünsche für Euer Wohl begleiten Euch zu Eurem neuen Landesherrn; seid ihm, was Ihr mir waret. Euer Andenken kann kein Schicksal, keine Macht aus meinem und der Meinigen Herzen vertilgen.«

Die Antworten, welche beim König hierauf von seinen ehemaligen Unterthanen in großer Zahl zugingen, waren ebenso viele Zeugnisse der tiefsten Trauer über das eingetretene Verhängniß. Einen besonders hervorragenden Beweis der treuesten Gesinnungen liefert das nachstehende, ursprünglich in plattdeutscher Sprache abgefaßte Schreiben des westfälischen Bauernstandes: »An unsern König Friedrich Wilhelm den Guten! Das Herz wollte uns brechen, als wir Deinen Abschied von uns lasen, und wir können uns heute noch nicht überreden, daß wir aufhören sollen, Deine Unterthanen zu sein, wir, die Dich immer so lieb hatten. So wahr wir leben! Es ist nicht Deine Schuld, daß Deine Generale und Minister nach der Niederlage bei Jena allzu betäubt und verwirrt waren, um die zerstreuten Schaaren zu uns herzuführen und sie, mit unsern Landsknechten vereint, zu einem neuen Kampfe aufzurufen. Leib und Leben hätten wir daran gewagt, denn Du mußt wissen, daß in unsern Adern das Blut der alten Cherusker noch feurig wallt und wir noch stolz darauf sind, Armin und Widukind unsere Landsleute zu nennen. Auf unserm Grunde und Boden liegt das Siegesfeld, wo unsere Vorfahren die Feinde, welche das deutsche Gebiet verwüsten wollten, so schlugen, daß sie das Aufstehen vergaßen. Wir hätten sicher das Vaterland errettet; denn unsere Landsknechte haben Mark in den Knochen und ihre Seelen sind noch nicht verdorben. Unsere Weiber stillen selbst ihre Kinder, unsere Töchter sind keine Modeaffen, und der Zeitgeist hat seine Pestluft nicht über uns ausgeströmt. Inzwischen können wir dem Willen des Schicksals nicht entgehen. O, lebe denn wohl, alter guter König!

Gott gebe, daß der Ueberrest Deines Landes Dich treuere Generale und klügere Minister finden lasse, als diejenigen waren, welche Dich betrübten. Ihrem Rathe mußtest Du folgen, denn Du bist nicht allwissend, wie der große Geist der Welten. Können wir aufstehen gegen den eisernen Arm des Schicksals? Wir müssen mit männlichem Muthe Alles geschehen lassen, was abzuändern nicht in unserm Vermögen ist. Gott stehe uns bei! Wir hoffen, daß unser neuer Herr auch unser Landesvater sein und unsere Sprache, unsere Sitten, unsern Glauben und unsern Bürgerstand ebenso erhalten und achten wird, wie Du, guter lieber König, es immer gethan hast. Gott gebe Dir Frieden, Gesundheit und Freude."

Am 15. Dezember 1807 war das Land bis zur Weichsel von den Franzosen geräumt worden. Am 16. Januar des nächsten Jahres hielt die königliche Familie unter dem Jubel des Volkes ihren Einzug in Königsberg. Ihre bloße Anwesenheit bedünkte die Leute schon eine Bürgschaft für bessere Zeiten. Es erwachte der Glaube, das unruhige Treiben der Willkür müsse ein Ende nehmen. Denn im Schmerz erhebt sich die Größe des Geistes, in Elend und Noth kommt der Muth, die Kraft, die Energie! Niedergeschlagen wie das preußische Volk war, traf es die Zeit der Buße. Unsere Väter übten die Buße, aber nicht in thatenloser Klage, nicht in unmännlichem Jammer, nicht in verzweifelnder Ergebung und Wehmuth, sondern indem sie sich ermannten, die eigene Kraft zusammennahmen, zur Wiederkehr besserer Zustände Muth faßten. Friedrich Wilhelm III. leuchtete voran und führte zum Theil durch ähnliche Maßregeln, als er schon in der frühesten Regierungszeit eingeschlagen, nur in viel größerm Stil in den Weg der Erhebung.

Der ganze Sinn des Volkes, das Wesen der Verwaltung mußte sich neu gestalten. An Stelle früherer Schwäche mußte Kraft, an Stelle der Schlaffheit im Leben und in der Verwaltung Tüchtigkeit, an Stelle kurzsichtiger Beschränkung, selbstischer Begünstigung, mangelnder Einsicht, unsittlicher Genußsucht — freie Entwicklung der Kraft, aufopfernde Gesinnung, Kenntniß und sittlicher Ernst treten, und die Gefühle Aller beleben. Damals begann jene Umbildung aller Verhältnisse, welche bestehende Rechte nirgends verletzte und doch durchaus neue Institutionen hervorrief, wie sie seitdem größtentheils andern Staaten zum Vorbild gedient; damals wurden die Einleitungen zu dem spätern glorreichen Riesenkriege getroffen und Einrichtungen angeordnet, deren Früchte wir in den jüngsten Tagen während des unsinnig und schamlos von den Franzosen heraufbeschworenen Kampfes gepflückt haben.

In kurzen Zwischenräumen folgten die Gesetze über Aufhebung der Erbunterthänigkeit, am 19. November 1808 eine neue Städteordnung mit Rechten der Bürger zum eigenen Verwalten städtischer Angelegenheiten, neue Organisationen der Verwaltungsbehörden, auf daß sie mit Kraft wirken, das Wohl der Einwohner fördern, diese aber möglichst

frei im Erwerb sich bewegen könnten, Aufhebung des Zunftzwanges und
Einführung der Gewerbefreiheit, einleitende Verfügungen zur Aufhebung
der früher drückenden Acciseverfassung, Beschränkung der Konsumtions-
steuern auf weniger Artikel, Lösung der Zollschranken innerhalb des
Reiches und Annäherung an ein freieres Handelssystem, insofern Napoleons Decrete gegen England dies zuließen, Regulirung der gutsherr-
lichen und bäuerlichen Verhältnisse, so daß der kleine Landbesitzer freier
Eigenthümer ward, die Frohnen- und Hofedienste aufhörten; es ward
der Vorspann abgeschafft, die drückenden Lasten des kleinen Landbesitzers,
der arbeitenden Klassen in möglichster Weise, so daß ihre persönliche
Leistung nicht gehemmt war, erleichtert.

Den Gipfelpunkt der Reformen bildete aber die Reform des Heeres,
aus des Königs eignem Sinn entsprungen, durch Scharnhorsts schöpfe-
risches Genie ausgeführt. Hier gelang es wirklich, den Gedanken der
Zeit — die allgemeine Ehrenhaftigkeit, die Gleichheit des Staatsbürger-
thums — in lauterer Weise zu erfüllen. Hier wurde das Fundament
der Gleichheit nicht das gleiche Menschenrecht, sondern die gleiche Unterthanenpflicht. Hier wurde der Fortschritt nicht durch Zerstörung der
unverstandenen Bande der alten Zeit vollbracht, sondern alles was die
alte Zeit bot, bewahrt und herübergenommen in die neue Schöpfung.
Die neue Heereseinrichtung vereinte die hebenden Züge aus beiden
Epochen: die Ritterlichkeit und die Vaterlandsliebe — die Ueberlieferung
der militärischen Familien und das Bewußtsein gleicher Ehre und gleichen
Rechts bei gleicher Pflicht — den militärischen Standesgeist und das
Band der Einheit mit dem ganzen Volke. Sie führte dem Heere die
ganze waffenfähige Kraft des Volkes zu, und gab dem Volke wieder das
ganze militärische Selbstgefühl und die militärische Pflichtgewöhnung
zurück. Sie entsprang aus nationaler Begeisterung und rechnete auf
nationale Begeisterung, war aber dennoch durch und durch auf Gehorsam
und Zucht gebaut. Sie war nach der sittlich-politischen Seite ein Meister-
stück der Zeit, ein Musterbild, wie auch in andern Gebieten das Neue
aus dem Alten gebildet, das Alte im Neuen erhalten werden soll. Diesem
Bilde strebte Friedrich Wilhelms Sohn unser jetziger ruhmvoller Kaiser
und König nach, als er seiner Zeit die Reorganisation des Heeres durch-
führte.

Viele andere Gesetze und Verordnungen wurden in ähnlichem Sinne
erlassen, und das Motiv derselben ist wörtlich in den Gesetzen ausgesprochen. »Wir haben erwogen, sagt der König im Edikt vom 9. October 1807, daß es die Uns zu Gebote stehenden Mittel übersteigt, jedem
Einzelnen Hülfe zu schaffen, und daß es ebensowol den unerläßlichen
Forderungen der Gerechtigkeit, als den Grundsätzen einer wohlgeordneten
Staatswirthschaft gemäß sei, Alles zu entfernen, was den Einzelnen bisher hinderte, den Wohlstand zu erlangen, den er nach dem Maß seiner

Kräfte zu erreichen fähig war.« »Die Regierungen haben dafür zu sorgen, heißt es in einer Verordnung vom 26. Dezember 1808, daß das allgemeine Wohl befördert und erhöht werde und jeder Staatsbürger Gelegenheit habe, seine Fähigkeiten und Kräfte in moralischer sowol als physischer Hinsicht auszubilden und innerhalb der gesetzlichen Grenzen auf die ihm zuträgliche Weise anzuwenden. Die Regierungen haben daher auch die Aufsicht über Volksbildung, den öffentlichen Unterricht und Kultus.«

Die leitende Idee ging in fast allen Gesetzen und Verordnungen in dieser oder jener Weise angedeutet und ausdrücklich ausgesprochen immer dahin: Viele der bestehenden Einrichtungen machen es unmöglich, daß der Einzelne seine Kraft, seine Geschicklichkeit zum eigenen Besten anwenden kann. Er wird gehemmt in seiner Entwickelung, in seiner Thätigkeit durch Formen, Verhältnisse, Privilegien. Letztere müssen wir ändern. Was Recht ist, darf nicht verletzt oder vernichtet werden. Aber jeder ist verpflichtet, Rechte und Privilegien dem allgemeinen Besten zu opfern gegen volle Entschädigung. Wie gewähren wir diese und lösen so in gerechter Weise alle Hemmungen der freien Entwickelung? Denn darin besteht des Staates Kraft, daß ein jeder durch eigene Arbeit und Thätigkeit, durch Ordnung und Sparsamkeit, durch Sittlichkeit und Tugend sein Glück sich selbst bereite; einer jeden Persönlichkeit muß nach ihrer Kraft die Möglichkeit freier Entwickelung gegeben werden.

Um es kurz zu sagen: Friedrich Wilhelm III. gründete damals das Staatsbürgerthum in Preußen. Das ist der Kern seiner Reformen. An die Spitze der Verwaltung hatte er den Freiherrn vom und zum Stein gestellt, einen Mann der edelsten und reinsten Begeisterung, dessen ganze Seele ein Gedanke erfüllte: die Befreiung des deutschen Vaterlandes vom französischen Joche. Sein Hauptbestreben war daher die Insurrektionirung von ganz Deutschland gegen die Franzosen, das deutsche Volk ganz abgesehen von Staatsverband und Landesherren aus eignem Nationalgeist zur bewaffneten Erhebung zu bringen.

Es konnte den Franzosen nicht ganz entfallen, daß jetzt ein anderer Geist durch Preußen ging. Von ihnen beargwohnt mußte Stein (so sehr waren sie Machthaber im Lande) bald seine Entlassung nehmen, worauf ihn Napoleon von Madrid aus förmlich ächtete. Seine Entfernung änderte nichts im Gange der beschlossenen großartigen Maßregeln. Hardenberg gab ein ebenso tüchtiges Rüstzeug für das ab, was der edle Friedrich Wilhelm zum Heile seines Volkes unumstößlich beschlossen hatte. Er arbeitete unablässig; seine einzige Erholung bestand in dem Genuß, den seine Familie ihm gewährte. Hatte diese sonst schon sparsam gelebt, so wurde jetzt auf noch größere Einschränkung Bedacht genommen. Kein irgend kostspieliges Vergnügen schien ihr erlaubt. Das goldene Tafelgeräth, 1½ Million Thaler an Werth, wurde nach Hamburg geschickt und zum Besten des Staates verkauft. Nicht weniger als die Hälfte der noch zu zahlenden Kontributionen von 126 Millionen Franken hatte der König auf die Domänen übernommen.

Das königliche Paar wurde in dieser drangsalvollen Zeit am 1. Februar 1808 durch die Geburt der Prinzessin Luise Auguste Wilhelmine erfreut, welche nachmals die Gemahlin des Prinzen Friedrich der Niederlande wurde. Um dasselbe ferner bei den vielen großen Verlusten zu trösten und zu erheben, wurde von Seiten der hohen Anverwandten und Unterthanen alles Mögliche gethan. Kaiser Alexander von Rußland bat, als er zum Kongreß nach Erfurt und von da wieder zurück durch Königsberg reiste, Friedrich Wilhelm bringend, ihm einen Besuch in St. Petersburg zu machen. Letzterer nahm die Einladung an, begab sich mit seiner Gemahlin am 27. Dezember auf die Reise und erreichte sein Ziel am 7. Januar 1809. Es mußte, so wenig unabhängig waren damals gekrönte Häupter, an allen Höfen erklärt werden, daß mit dieser Reise durchaus keine politischen Zwecke verknüpft seien. Alexander empfing seine Gäste auf das Glänzendste und suchte ihnen den kurzen Aufenthalt in der russischen Residenz möglichst angenehm zu machen. Erst am 31. Januar erfolgte unter den innigsten gegenseitigen Freundschaftsversicherungen die Rückreise des Königs, welcher am 10. Februar wieder in Königsberg eintraf. — Endlich war ein bindendes Uebereinkommen mit Frankreich geschlossen und allmälig setzten sich die französischen Truppen in Bewegung, um mit Ausnahme der Oderfestungen das Land zu räumen. Es hatten die ungeheuersten Anstrengungen gemacht werden müssen, damit nur so viel erreicht werde. Was Oesterreich, was andere Länder gelitten, ist gegen die Leiden Preußens nichts. Sein Wohlstand ist eine Folge des Sieges menschlicher Kraft und Intelligenz über eine ungünstige Natur. Einmal erschüttert bedürfen beide zur Wiederherstellung weit größeren Kraftaufwandes, als dies in Ländern erforderlich ist, in deren Boden alle Bedingungen des Reichthums beruhen. — Doch auch so war schon etwas, sogar viel gewonnen. Raum war nun da, die erforderlichen Anstrengungen nach allen Seiten hin zu entfalten, Raum für die Einführung der neuen wohlthätigen Institutionen, Raum endlich für die unermüdete Thätigkeit des Königs, um sie dergestalt mit dem Geiste des Volkes zu verschmelzen, daß sie demselben zum lebendigen Bewußtsein kämen.

Friedrich Wilhelm würde mit seiner Gemahlin schon im Frühjahr 1809 in die alte Residenz Berlin zurückgekehrt sein, wenn nicht der Ausbruch des Krieges zwischen Frankreich und Oesterreich die Sache hätte bedenklich erscheinen lassen. Die Nähe Berlins am Kriegsschauplatze hätte der so argwöhnischen französischen Regierung vielleicht Anlaß gegeben, ein Einverständniß unseres Königs mit dem Wiener Hofe zu vermuthen, und bei Napoleons wenig verschleiertem Haß gegen Friedrich

Wilhelm konnte sogar eine Gewaltthätigkeit befürchtet werden. Daß er eine solche unter Umständen nicht scheuen würde, hatte er verschiedenemale offenbart. Die Preußen zur Wiederherstellung seiner so tief herabgedrückten Staatskräfte unbedingt nothwendige Neutralität wäre ja beinahe durch Schill's bekanntes Unternehmen fehlgeschlagen! Das Volk war nur zu geneigt, jetzt, wo es so wenig an der Zeit war, den Kampf wieder aufzunehmen, der unzweifelhaft mit einer neuen aber härtern Unterjochung geendet haben würde. Glücklicherweise gab der König keiner voreiligen Regung Raum. Wie die Umstände es geboten, wurde durch ernstliche Maßregeln und umsichtiges weises Benehmen dem Reiche der Frieden erhalten. Endlich schien daher auch Napoleon von seinem Mißtrauen abzulassen; der von Königsberg nach Paris geschickte Oberst v. Krusemark kehrte mit Versicherungen aufrichtiger Freundschaft zurück, und die jetzt erfolgte Verbindung zwischen Frankreich und Oesterreich schien der Welt eine Garantie dafür zu geben, daß jenes endlich sich und Europa Ruhe lassen werde.

Nunmehr stand der Rückkehr des königlichen Hauses nach Berlin nichts im Wege. Nach der alten schönen Sitte seines Hauses, frohe Ereignisse durch Gnadenspenden zu bezeichnen, erließ der Monarch unter dem 9. März eine Begnadigung für Alle, die auf sechs Monate oder darunter zur Einsperrung verurtheilt waren, insofern sie einen ehrlichen Erwerb nachweisen würden. Außerdem wurden späterhin alle Geldstrafen bis zu hundert Thalern und Strafen aller Art auf leichte Vergehen, die vor dem 23. Dezember 1808 verwirkt waren, erlassen.

Am 15. Dezember 1809 traten endlich der König und die Königin ihre Reise nach der Hauptstadt an. Sie glich einem beständigen Triumphzuge; überall bekundete die Bevölkerung die rührendste Anhänglichkeit. Am 23. Dezember, an demselben Tage an welchem vor sechzehn Jahren das königliche Paar zur Vermählung in Berlin eingetroffen, hielt es seinen Einzug. Vom frühen Morgen an schwelgte die Stadt in froher Bewegung und bot einen festlichen Anblick, wie vielleicht nie zuvor. Die Folgezeit hat es bewiesen, daß die Liebe, welche das ganze Volk damals zeigte, wahrhaft und nicht erheuchelt war. Kaum aber war der König zurückgekehrt, als sofort wieder neue und wichtige Verfügungen erschienen, manche schon getroffene Anordnung vervollständigt und fester begründet wurde. Nach einer alten Verordnung des Königs Friedrich Wilhelm I. sollten die königlichen Domänen unveräußerlich sein; dieselbe wurde mit Zuziehung der Prinzen und der Provinzialstände aufgehoben, damit die so große Schuldenlast des Staates durch den Ertrag der Verkäufe gemindert werden könne. Der Zunft- und Gewerbzwang, wodurch zugleich die Freiheit der Unterthanen und die Industrie benachtheiligt worden waren, hatten schon früher aufgehört; jetzt wurde eine allgemeine Gewerbesteuer eingeführt, welche das Staatseinkommen bedeutend erhöhete. Der König verkündete eine Urkunde über die Erweiterung der Orden und Ehrenzeichen, sowie über deren künftige Vertheilung, und ließ am 18. Januar 1810 zuerst das Krönungs- und Ordensfest feiern, damals als eine Mahnung gleichsam an die Guten und Edlen, sich um den bedrängten Thron zu schaaren, von besonderer Bedeutung. Fast gleichzeitig versprach er die Einsetzung eines Staatsrathes, dessen Meinung von ihm in wichtigen Dingen und bei Abfassung der Gesetze eingefordert werden sollte, veränderte die seitherige Einrichtung des Staatsministeriums und erließ am 27. October ein Edikt über die Finanzen des Staates, die neuen Einrichtungen wegen der Abgaben u. s. w. Ein Edikt vom nächsten Tage führte die Konsumtions- und Luxussteuer ein, ein anderes hob die Naturallieferungen für die Armee auf und richtete das Serviswesen neu ein. Unter dem 30. October erging eine Verfügung, der zufolge alle Kirchengüter vom Tage dieses Erlasses an zu Staatsgütern erklärt, alle Klöster und Stifter beiderlei Geschlechts in der preußischen Monarchie außer denen, womit Hospitäler verbunden waren und außer einigen Frauenklöstern aufgehoben und unterdrückt und die Ordensmitglieder durch lebenslängliche Pensionen oder durch Anstellung als Pfarrer und Kapelläne anderweitig versorgt wurden. Der 20. November unterwarf die Stempelabgaben einer zweckmäßigen Verwaltung und mäßigen Erhöhung. Alle diese Einrichtungen waren von den wohlthätigsten Folgen; nicht blos vermehrten sie den Wohlstand der Nation und dadurch direkt die Staatskraft, sondern sie halfen auch das Nationalgefühl stärken und erheben. Selbst die Vermehrung einiger Abgaben hatte ja nur zum Zweck, die Unabhängigkeit des Landes durch Abtragung der Kontributionen an die Franzosen besto früher herzustellen. Jeder Staatsangehörige konnte sie demnach mit Recht als ein patriotisches Opfer betrachten. Nur die Wenigen, welche ihre Privilegien erlöschen sahen, trugen offenkundig ihre Entrüstung über die gemachten Neuerungen zur Schau. Besonders glaubten sich die Besitzer der Rittergüter in ihren Gerechtsamen gekränkt und lehnten sich deshalb förmlich wider den Staat auf. Während Frankreichs neue Institutionen bereits bis zur Elbe vorgedrungen waren, wähnten sie diesseits des Flusses, vollkommen in den Zuständen des Mittelalters verharren zu können. Anfangs legte man seitens der Regierung dieser Opposition keine Wichtigkeit bei; allein in den nächsten Jahren zeigten sich doch nicht unwichtige Folgen jener Parteiumtriebe. Durch jene Art von Verblendung, welche beim gewöhnlichen Manne leicht eintritt, wenn aus der Zeit die Zeichen einer sozialen Reform hervortreten, glaubte ein Theil des Bauernstandes, durch das Gesetz vom 9. Oktober mit Martini 1810 jeder Verpflichtung gegen die Gutsherrschaft entbunden zu sein. In diesem Wahne und aufgehetzt durch Böswillige kündigten viele Bauerschaften den Gutsherren jeglichen Dienst auf. Manche von diesen gebrauchten Gewalt; einige ließen sogar auf die Bauern schießen, worauf diese die Schlösser plünderten. Eine königliche Erklärung und das Erscheinen von Militär beruhigte die Bauern, nicht so die Adligen. Sie erreichten aber ihren Zweck, die Leibeigenschaft wiederherzustellen, nicht. Unwandelbar blieb der König bei seinem Entschluß, des Reiches Kräfte dadurch zu erhöhen, daß kein Stand entwürdigt bleibe. — Wir kommen jetzt auf einen andern wichtigen Punkt.

Friedrich Wilhelm sah wohl ein, daß, wenn durch eigene Kraft unter den Einwohnern seines Staates Wohlstand begründet werden und Preußen sich neu erheben solle, die inneren Kräfte des Menschen, die allezeit die eigentlich schaffenden, fördernden sind, geweckt und gehoben werden, daß Bildung und Kenntnisse sich mehr und mehr verbreiten müßten. Daher ward den Regierungen aufgegeben, die Volksbildung, den öffentlichen Unterricht, den Kultus, der immer in engster Verbindung ist mit der geistigen Erhebung des Menschen, zu wahren, zu schützen und zu fördern (vgl. Gesetz v. 12. Juli 1810). Es wurden Schullehrerseminarien errichtet, allgemeine Anordnungen getroffen die Lehrer zu prüfen; das Alles aber genügte nicht. Das Reich der Wissenschaften mußte an sich und in höchster Stelle frei und ungehindert fortschreiten, die bestehenden höheren Unterrichtsanstalten geschützt und gepflegt, eine neue größere Anstalt für alle Theile des Wissens und der Erkenntniß begründet werden. Das geschah durch die Errichtung der Universität in Berlin, welche nach mehrjährigen Vorbereitungen am 15. October 1810 feierlich ins Leben trat, nachdem sie reichlich dotirt, mit den geschicktesten Lehrern und trefflichsten Anstalten versehen war.

Zieht man das vorher Gesagte in nähere Betrachtung, so darf es nicht Wunder nehmen, daß gerade in der drückendsten Noth und Bedrängniß eine so hohe Summe wie früher niemals zur Verbesserung und Gründung der wissenschaftlichen Anstalten der Hauptstadt ausgeworfen wurde. Der größte Theil dieser Summe fiel auf die neue Universität, die zwar zunächst an die Stelle der von Napoleon aufgelösten Hallischen trat, aber nach dem Willen des Königs nicht etwa eine Provinzialanstalt, sondern eine allgemeine deutsche, ja eine europäische werden sollte. Noch war in neueren Zeiten keine protestantische Universität in dem Sitze eines Fürstenhauses errichtet worden; ja das freiere Leben der Studenten schien mit der Nähe eines Hofes unvereinbar. Friedrich Wilhelm bewies eine vorzügliche Liebe zu den Wissenschaften, daß er dieses Vorurtheil überwand, daß er eine Universität als Zierde seiner Hauptstadt ansah und von ihr gerade an dieser Stelle eine ersprießliche Wirksamkeit erwartete.

Die Universität zu Frankfurt a. O. verstärkte der König zwar anfangs durch neue treffliche Lehrer; sie würde aber schwerlich jemals wegen der Nähe Berlins zu bedeutender Blüthe gelangt sein, wurde deshalb 1811 nach Breslau verlegt und mit der dortigen katholischen Universität verbunden. Die Hallische verstärkte er nach der Herstellung des preußischen Staates durch die Ueberreste der Wittenberger in zweckmäßiger Vereinigung, hob die Königsberger und die neuzugefallene Greifswalder nach den Umständen. Zugleich möge vorgreifend hier angefügt sein, daß Friedrich Wilhelm 1818 am 18. October zu Bonn, wo vor Napoleons Schergen die schon seit 1786 bestandene Hochschule verschwunden war, den Heerd wieder aufrichtete, auf welchem fortan die Flamme deutschen Geisteslebens Nahrung und Schutz finden sollte. Im Jahre 1810 wurde auch das Verbot, fremde Universitäten zu besuchen aufgehoben: der König wollte von keiner Beschränkung des Geistes wissen.

So that der edle König Alles, um sein Volk in jeder Hinsicht höher zu heben; so reifte durch des edlen Herrschers rastloses Streben und Wirken das Preußenvolk in den Zeiten der höchsten Noth seiner künftigen Größe, seinem Berufe entgegen, dem herrlichen Berufe, bereinst die Fesseln zu zerbrechen, welche halb Europa in schmachvoller Knechtschaft hielten. Aber je gewissenhafter Friedrich Wilhelm III. sein hohes Königsamt erfüllte, je fleckenloser sein ganzes Leben war, um so wuchtiger traf ihn die grause Prüfung, welche seiner, der seit dem Tode der Mutter am 25. Februar 1805 von großen häuslichen Leiden verschont geblieben war, im Jahre 1810 harrte: der Verlust seiner heißgeliebten Gemahlin.

Vollkommen gesund war die hochherzige Königin, als sie am 25. Juni von Berlin zum Besuche ihres Vaters des regierenden Großherzogs von Mecklenburg-Strelitz nach dessen Lustschlosse Hohenzieritz abreiste. Schon stand sie im Begriffe, mit dem Könige nach Berlin heimzukehren, als sie am 30. Juni von einem Fieber befallen wurde. Dies schien indeß nichts bösartiges zu haben, so daß ihr Gemahl, den bringende Staatsgeschäfte abriefen, unbedenklich allein den Rückweg antrat. Am dritten Tage der Krankheit stellte sich jedoch gefahrdrohender Lungenhusten ein. Die zweckmäßigsten Maßregeln wurden angewendet, und als der König Nachricht von diesem bösen Umstande erhielt, sandte er noch zwei der erfahrensten Aerzte Berlins, den Geh. Rath Dr. Heim und den Generalstabsarzt Dr. Görke zu der hohen Kranken. Aber die Mittheilungen, welche über ihr Befinden dem Könige zugingen, lauteten immer bedenklicher, und deshalb begab er sich in Begleitung seiner beiden ältesten Söhne, des verstorbenen Königs Friedrich Wilhelm IV. und des jetzigen Kaisers Wilhelm I., nach Hohenzieritz. Alle Bemühungen, das Leben der Königin zu erhalten, waren vergeblich. Eine Engbrüstigkeit stellte sich ein, nahm mit jedem Tage zu, ging in einen Brustkrampf über und bald folgte auf diesen — der Tod. Die Königin Luise, eine der schönsten und liebenswürdigsten Frauen ihrer Zeit, ihrer hohen weiblichen Tugenden wegen der Gegenstand allgemeiner Bewunderung, Verehrung und Liebe, schied in ruhiger Ergebung mit den Worten: »Herr Jesus, mach' es kurz!« aus diesem Leben am 19. Juli 1810 im fünfunddreißigsten Jahre ihres Alters, zu früh für ihren königlichen Gemal, für ihre Kinder, für ihr Volk. Mit dem Ausdrucke des heftigsten Schmerzes, der im Kampfe war mit der errungenen Kraft, drückte der leidende Monarch eigenhändig der geliebten Gattin die Augen zu, die ihm wie freundlich leuchtende Sterne oft geleuchtet in dunkeln Lebensnächten. Er hatte Alles verloren, wodurch ihm sein Dasein lieb und werth geworden war, und als er seine Kinder, die er zu dem Sterbebette der Königin geführt, in Thränen zerfließen sah, stand er selbst trostlos da, in tiefen schweren Schmerz versunken.

Die irdischen Ueberreste Luisens wurden am 27. Juli nach Berlin eingeholt und, nachdem sie dann am 30. Juli zuvörderst in der Sakristei der Domkirche beigesetzt worden, da sprach der allgemeine Schmerz laut für den Werth der Frühverklärten. Am 23. Dezember, dem Tage an welchem die Unvergeßliche zweimal, 1793 als Braut und 1809 bei der Rückkehr aus Königsberg, in Berlin eingezogen war, fanden sie ihre letzte Ruhestätte im Mausoleum, einem einfach-schönen Begräbnißtempel, welchen der König eigens für diesen Zweck im Schloßgarten von Charlottenburg erbaut hatte. Er ließ seiner unvergleichlichen Gemalin in demselben Raum 1814 von Christian Rauch's Meisterhand das berühmte Monument aufrichten, welches die Königin etwas über Lebensgröße auf einem prachtvollen Ruhebette schlummernd vorstellt. Luisens edles Thun aber als Mutter, Gattin, Königin wird fortleben, wenn längst ihr Grabmal von der Zeit zertrümmert ist. Ihr Leben war ein rastloses Beispiel aufopfernder Güte und treuer Pflichterfüllung, dem weiblichen Geschlechte ein still leuchtendes, sicheres Vorbild. Selbst nach ihrem Scheiden von hinnen wirkte sie erhebend auf den Geist der Nation. Ihrem Andenken sind das Luisenstift und der Luisenorden geweiht.

Trübe Aussichten eröffneten sich für den preußischen Staat, für seine Ruhe und Existenz aufs neue mit dem Schlusse des Jahres 1811. Damals blieb kaum ein Zweifel übrig, daß Napoleon nun auch gegen Rußland den entscheidenden Kampf aufnehmen werde, um sich durch ihn zum Alleinherrscher auf dem Festlande Europas emporzuschwingen. Preußens Lage zwischen beiden Reichen war eine höchst bedenkliche; mit Rußland sich offen zu verbinden mußte unthunlich erscheinen, weil der preußische Staat rings von französischer Macht umgeben war, die daselbst noch durch den Besitz der drei Oberfestungen Stettin, Küstrin und Glogau einen festen Fuß behauptete, trotzdem der König die gegen Frankreich eingegangenen Verpflichtungen mit der ihm eigenen Gewissenhaftigkeit längst aufs Pünktlichste erfüllt hatte. Neutral bleiben zu dürfen konnte man nicht hoffen; es erübrigte also nur sich der Riesenmacht Frankreichs anzuschließen, in der Hoffnung, daß dann endlich etwas an den seither getragenen fast unerschwinglichen Lasten nachgelassen und wenigstens der willkürliche Druck aufhören würde, der bei den ewigen Durchzügen der französischen Truppen die Bewohner zu Grunde richtete. Die Allianz mit Frankreich kam zu Stande; am 5. März 1812 wurden die Ratificationen in Berlin ausgewechselt. Preußen sollte an Hülfstruppen 20,000 Mann mit sechzig Geschützen stellen, dagegen jede Naturallieferung an französische oder verbündete Truppen demselben von der rückständigen Kriegs-Kontribution in Abzug gebracht werden.

Friedrich Wilhelm III. ist es selbst von den Edelsten seines Landes schwer verdacht worden, daß er, der 1809 nicht zu Oesterreich stand, 1812 mit Frankreich gegen Rußland zog. Niemand wußte, was den Entschluß des Königs hiezu bestimmt hatte. Nach einem Briefe des Generals v. Knesebeck, der erst 1851 aus dem Nachlaß des Generals v. Müffling bekannt geworden ist, ergiebt sich, daß es vorhersehende Berechnung war. Knesebeck hatte nämlich bei seiner Sendung nach Petersburg, die scheinbar den Ausbruch des Krieges verhüten sollte, noch einen geheimen Auftrag des Königs, von dem selbst der Staatskanzler nicht wußte. Er verabredete mit dem Kaiser Alexander den nachherigen Feldzugsplan, Napoleon ins Innere von Rußland zu ziehen, um ihn durch »Raum und Zeit« aufzureiben. Deshalb durfte Preußen nicht auf Seite Rußlands treten, um nicht zu seiner Hülfe die russische Armee auf deutschen Boden zu nöthigen. Darnach hätten also die beiden Monarchen, während alles um sie herum nach entgegengesetzter Seite laut war, in tiefster Stille den ungeheuern Ausgang vorbereitet, der Europa rettete. Hauptsächlich aber bestimmte den König ohne Zweifel die lange bei ihm festgesetzte Ansicht, daß nur die drei Reiche des Ostens vereint der Macht Napoleons gewachsen seien — eine Ansicht, die wohl bestätigt ist durch den Widerstand, den Napoleon nachher noch nach Untergang seiner alten Armee dem ganzen Europa leistete. Durfte darnach der König, ohne von den beiden andern unterstützt zu sein, die Existenz seines Reiches auf den Wurf einer Schlacht mit dem Unbesiegten setzen? Die Helden um den König hatten den Verstand des militärischen Genies, den Verstand der Kühnheit und der Ehre — der König hatte den Verstand des Gewissens. Und das Gottesurtheil, das in dem Ausgang liegt, hat für den König entschieden.

Nun zog die gewaltige französische Armee von allen Richtungen herbei; auf drei Straßen, über Magdeburg, Leipzig und Dresden, wälzte sich der ganze Zug durch die Staaten des Königs nach der Weichsel. Es war eine Musterkarte aller Völker von den Pyrenäen bis zum Niemen und bestand aus 491,953 Mann Fußvolk und 96,579 Reitern mit 164,446 Pferden, 21,526 Mann Artillerie mit 1372 Kanonen und 18,265 Pferden, also aus einer Gesammtzahl von 610,058 Mann, 182,711 Pferden und in seinem Gefolge ein bedeutendes Fuhrwesen,

Brückengeräthschaften, Krankenwagen, Krankenwärter, Handwerker aller Art, Viehheerden, Kisten mit Sämereien und Tafelglas, um in den nordischen Steppen Wohnungen zu bauen und das Feld sogleich zu bestellen, Mühlen, Feuerspritzen und eine unbeschreibliche Menge anderer Geräthschaften: das leibhaftige Abbild eines auswandernden, neue Wohnsitze aufsuchenden Volkes. Natürlich litten die preußischen Lande furchtbar infolge des Durchmarsches einer solchen Menschenmenge. Die Kosten, welche Niederschlesien z. B. von dem 69,000 Mann starken Corps des Herzogs von Abrantes zu tragen hatte, beliefen sich alle vierzehn Tage auf 400,000 Thaler, und zum Unterhalt des in Westpreußen cantonirenden Corps des Fürsten von Eckmühl mußten täglich gegen 27,000 Thaler verwendet werden. Außerdem führten die französischen und Bundestruppen bis zum September 1812 noch 77,920 Pferde und 13,394 Wagen aus Preußen hinweg, wozu sie in Ostpreußen noch 22,772 Ochsen raubten. Dazu kam, um das Maß des Elendes vollzumachen, daß die unglücklichen Bewohner jener Strecken, durch die der Zug der französischen Heermassen ging, die ärgsten Mißhandlungen erdulden mußten; und da die Gemißhandelten sich oft genug widersetzten, so hatte die Regierung genug zu thun, um wenigstens für jetzt noch die Folgen der allgemeinen Erbitterung zurückzuhalten. Die Verbindlichkeiten, welche Preußen übernommen, wurden dabei so pünktlich erfüllt, daß es im Laufe des Jahres 1812 nicht nur die ganze an Frankreich schuldige Kontribution getilgt hatte, sondern sogar am Schlusse desselben eine Forderung von 24 Millionen Franken für geleistete Mehrlieferungen aufstellen konnte.

Bevor Napoleon selbst den Marsch nach Rußland antrat, hatte er noch eine Zusammenkunft mit dem Könige von Preußen. Es war in Dresden, wo jener als Kaiser der Franzosen nach seiner Weise seinen letzten Triumph über deutsches Volksthum durch die persönliche Demüthigung, welcher sich die Fürsten Deutschlands dort unterziehen mußten, feierte. Dorthin entbot er auch Friedrich Wilhelm III. und dieser traf daselbst, so schwer es ihm auch werden mochte, begleitet vom Staatskanzler Hardenberg am 26. Mai ein. Er wurde von Napoleon mit ausgezeichneter Freundlichkeit empfangen, konnte aber trotzdem keine Erleichterung der seinem Königreiche auferlegten Lasten von jenem erlangen. Friedrich Wilhelm begab sich darauf von Dresden nach Böhmen und Schlesien. Von Glatz aus übertrug er dann am 12. August die Leitung der Geschäfte dem Staatskanzler und kehrte erst später wieder nach Berlin zurück.

Es ist allbekannt, daß aus den Feuersäulen, welche Moskau verzehrten und als Erlösungszeichen für halb Europa brannten, der Geist der ewigen Gerechtigkeit, den jener »Einzige« in seiner vermessenen Selbstsucht zu verleugnen wagte, ihm zurief: Bis hieher und nicht weiter!

Ebenso bekannt ist das schauderhafte Schicksal, welches seine große Armee auf ihrem Rückzuge ereilte. Die nächste weltgeschichtliche Folge des russischen Feldzuges war der Abfall des preußischen Hülfscorps von 20,000 Mann, welches, wie erwähnt, dem zwischen Frankreich und Preußen abgeschlossenen Defensivbündniß gemäß von letzterer Macht hatte gestellt werden müssen. Dieses Hülfscorps, von dem General York befehligt, hatte mit dem 10. französischen Armeecorps unter Marschall Macdonald den linken Flügel gebildet, war zur Belagerung von Riga bestimmt und zeigte sich dort des alten preußischen Waffenruhmes würdig. Der tragische Ausgang des Krieges, die Nachricht, daß die große Armee nach dem Brande von Moskau in völliger Auflösung begriffen sei und in größter Eile fliehend die Grenzen des russischen Reiches schon wieder im Rücken habe, dann die Nachricht von dem schmählichen Untergange des französischen Heeres veranlaßte die Preußen, sich ebenfalls zurückzuziehen, da sie sich nun in ihrer Stellung nicht länger halten konnten. Im Rücken und von beiden Seiten von überlegenen russischen Corps umgangen schloß General York am 30. Dezember mit dem russischen General Diebitsch in der Poscheruner Mühle jenen denkwürdigen Vertrag, dem zufolge das preußische Corps für neutral erklärt wurde, sich von dem französischen absonderte und mit dem russischen vereinigte. Der Erfolg rechtfertigte denselben. Ohne diese Kapitulation wären die herrlichsten preußischen Truppen, die demnächst der Stamm einer tüchtigen Armee zu sein würdig waren, bei dem Rückzuge des 10. Armeecorps, den sie decken sollten, unnöthigerweise und unfehlbar geopfert worden. Die Franzosen sprachen natürlich von dem treulosen Verrathe Yorks. Es war dringend nothwendig, falls man nicht Frankreich voreilig reizen und namentlich seitens des Marschalls Augereau einen plötzlichen, Staat, Land und Thron gefährdenden Gewaltstreich hervorrufen wollte, daß der König, obgleich Yorks Entschluß innerlich theilend, seine scheinbare Mißbilligung der Kapitulation sofort öffentlich und energisch kundgab (vgl. Pertz, Leben Gneisenau's III. S. 732 ff.). Ja es blieb ihm sogar nichts weiter übrig, als sie zu verwerfen, den treuen General vor ein Kriegsgericht zu fordern und dem Generallieutenant von Kleist an seiner Stelle den Oberbefehl zu übertragen. Der öffentliche Unwille des Königs über Yorks Vertrag war indeß nichts anderes, als eine absichtliche diplomatische Täuschung, ebenso wie die Sendung des Fürsten Hatzfeld nach Paris, um Napoleon ein neues Hülfsheer von 20,000 Mann anzubieten. Damit aber York nicht zu lange auf seine Erlösung harren dürfe, wurden nun sogleich vom Könige Anstalten getroffen, welche auf Rüstungen von bedeutendem Umfange und auf Ereignisse von höchster Wichtigkeit schließen ließen.

Die Garden brachen von Berlin nach Schlesien auf, und am 22. Januar 1813 ging der König selbst nach Breslau ab, wo er zwei Tage später eintraf. Der französische Gesandte Graf von St. Marsan wurde geschickt hingehalten, während die Unterhandlungen mit dem Kaiser Alexander von Rußland einen glücklichen Fortgang hatten. Um den König sammelten sich jetzt Männer, die als die wüthendsten Feinde der Franzosen bekannt und deshalb aus seiner Nähe bisher entfernt gehalten waren. Unter jenen Männern voll der bewährtesten Vaterlandsliebe und des bittersten Hasses gegen Napoleon waren Blücher, der beim Ausbruch des Krieges mit Rußland seinen Abschied genommen hatte; Scharnhorst, früher schon aus dem Dienste verdrängt; Gneisenau, der gleichfalls während der letzten Zeit zurückgezogen gelebt hatte; Knesebeck und so manche andere tapfere Krieger, so mancher erprobter Staatsdiener, so mancher achtungswerther Bürger. Und Alle hatten nur Einen Sinn, nur Ein Herz! Alle waren erfüllt von dem Gedanken an eine bessere Zukunft!

Schon fühlten sich die Herzen aller Preußen durch die Hoffnung gehoben, das von fremdem Drucke so gebeugte Vaterland wiederherstellen zu können, als der König am 3. Februar 1813 die Errichtung von Corps freiwilliger Jäger befahl. Ueber 7000 Jünglinge der besseren Stände eilten zu ihnen. Sie wählten das Regiment, bei dem sie dienen wollten und wurden bei demselben in eine besondere Abtheilung vereinigt, die ihre Oberjäger und Offiziere selbst erkor. Alle jungen Leute von Bildung und Vermögen gingen unter diese freiwilligen Jäger, und ganze Schaaren zogen nach Schlesien. Es war eine Schande zurückzubleiben, und da selbst Frauen und Mädchen diese allgemeine Begeisterung für den König und das Vaterland theilten, so trieben diese die Säumigen.

Am 18. Februar genehmigte Friedrich Wilhelm die Bildung der Lützowschen, Sarnowskyschen und Petersdorffschen Freicorps und befahl am 22. das Tragen der schwarzweißen Nationalkokarde auch außer dem Kriegsdienste, damit die Nation ein gemeinschaftliches Erkennungszeichen für diese Bewegung habe.

In Deutschland hatte indeß der erwachte Volksgeist eine ungeheure Bewegung hervorgerufen. Die Anordnungen des Königs von Preußen erweckten Begeisterung im ganzen Vaterlande, von der Weichsel an bis zum Odenwalde, so allgemein und aufopferungsfähig, wie sie die deutsche Geschichte noch nie geschmückt hatte. Ein Gefühl deutscher Gemeinschaft, wie es seit den Hohenstaufen geschlummert, durchdrang sich wunderbar mit dem preußischen Patriotismus und mit dem königstreuen alten ruhmesstolzen unzerstörbaren Geiste der Armee Friedrichs II. Das in Frankreich besudelte schöne Wort kam in Deutschland zu Ehren: die Nation opferte auf dem Altare des Vaterlandes. Jünglinge und Männer von jedem Stande und Alter, aus allen Ländern Deutschlands ergriffen die Waffen und stellten sich unter die Fahne Preußens.

Alle Klassen wetteiferten, mittelbar oder unmittelbar zur Rettung des Staates durch die größten Aufopferungen etwas beizutragen. Noch war nicht wörtlich ausgesprochen, gegen wen die gewaltigen Anstrengungen gerichtet sein sollten; aber Niemand zweifelte, daß sie gegen den wären, den ganz Deutschland haßte, der seit Jahren Deutschlands Unglück bewirkte. Viele ließen Amt, Weib, Kind und gemächliches Leben daheim und traten als gemeine Soldaten ein. Die Hörsäle der Universitäten und gelehrten Schulen, die Geschäftszimmer der Kaufleute, die Werkstätten der Fabrikanten, Künstler und Handwerker wurden öde — selbst Jungfrauen, ihr Geschlecht in Mannestracht hüllend und verhehlend, traten gewappnet in die Reihen der Streiter mit Gott für König und Vaterland. Ein allgemeiner Jubel schallte durchs ganze Land; es ertönten die Gesänge eines Körner, eines Schenckendorf. Eheleute opferten ihre Trauringe, Frauen ihren Schmuck, Kinder ihre Sparpfennige, Dienstboten ihr sauer verdientes Lohn. Frauenvereine bildeten sich zur Pflege der Verwundeten, Frauen und Jungfrauen zupften Wundfäden. Bei solchem Volkseifer und bei der weisen Vorsicht, mit welcher die Regierung dabei alle Vorbereitungen in der Stille leitete, wird es erklärlich, wie das damals so kleine Preußen im Jahre 1813 so bewunderungswürdig schnell ein geübtes und zahlreiches Heer in das Feld stellen konnte.

Diese große Zeit war reich an inhaltschweren Thatsachen. Am 28. Februar ward zwischen Friedrich Wilhelm und Alexander ein feierliches Bündniß geschlossen, und während das preußische Volk eine Thatkraft entwickelte, die ganz Europa in Staunen versetzte, überschritten die Russen die Grenzen und wurden von den Preußen als Brüder und treue Helfer im bevorstehenden Kampfe begrüßt. Am 4. März räumten die Franzosen Berlin, während die Russen daselbst am nächsten Tage eintrafen. Am Geburtstage der verklärten Königin (10. März) stiftete der König den Orden des eisernen Kreuzes, der nur in diesem Kriege erworben und verliehen, mit dem Ende desselben aber für immer geschlossen wurde. In der Stiftungsurkunde, welche der König selbst entworfen, redete er folgende einfache Worte: »In der letzten großen Katastrophe, von welcher für das Vaterland Alles abhängt, verdient der kräftige Sinn, der die Nation so hoch erhebt, durch ganz eigenthümliche Momumente geehrt und verewigt zu werden. Daß die Standhaftigkeit, mit welcher das Volk die unwiderstehlichen Uebel einer eisernen Zeit ertrug, nicht zur Kleinmüthigkeit herabsank, beweist der hohe Muth, der jetzt jede Brust belebt und welcher, nur auf Religion und treue Anhänglichkeit an König und Vaterland sich stützend, ausharren konnte. — Wir haben daher beschlossen, das Verdienst, welches in dem jetzt ausbrechenden Kriege entweder in wirklichem Kampfe vor dem Feinde oder außerdem im Felde oder daheim in Beziehung auf diesen großen

Kampf um Freiheit und Selbständigkeit erworben wird, besonders auszuzeichnen, und die eigenthümliche Auszeichnung nach diesem Kriege nicht wieder zu verleihen.«

Am 11. März ließ der König in einem Parolebefehle von Breslau aus dem General York volle Gerechtigkeit widerfahren, lobte sein Betragen öffentlich und untergab seinem Kommando auch noch ein anderes Truppencorps.

Der Aufruf zur Errichtung der Landwehr erging am 17. März. In diesem hieß es: »Ein vor Augen liegendes Beispiel hat gezeigt, daß Gott die Völker in seinen besondern Schutz nimmt, die ihr Vaterland in unbedingtem Vertrauen zu ihrem Beherrscher mit Standhaftigkeit und Kraft gegen fremde Unterdrückung vertheidigen.

»Preußen! würdig des Namens, theilt ihr diese Gefühle? — Auch ihr hegt den Wunsch, vom fremden Druck euch zu befreien. Mit Rührung sehe ich die Beweise in dem Eifer, mit welchem die Jünglinge aus allen Ständen zu den Waffen greifen und unter die Fahnen meines Heeres sich stellen; in der Bereitwilligkeit, mit der gereifte Männer voll Verachtung der Gefahr sich zum Kriegsdienste erbieten, und in den Opfern, in welchen alle Stände, Alter und Geschlechter wetteifern, ihre Vaterlandsliebe an den Tag zu legen.

»Ein mit Muth erfülltes Heer steht mit siegreichen und mächtigen Bundesgenossen bereit, solche Anstrengungen zu unterstützen. Diese Krieger werden kämpfen für unsere Unabhängigkeit und für die Ehre des Volkes. Gesichert aber werden beide nur werden, wenn jeder Sohn des Vaterlandes diesen Kampf für Freiheit und Ehre theilt.

»Preußen! Zu diesem Zwecke ist es nothwendig, daß eine allgemeine Landwehr und ein Landsturm eingeleitet werde. Ich befehle hiermit die erstere, und werde den letztern anordnen lassen. Die Zeit erlaubt nicht, mit meinen getreuen Ständen darüber in Berathung zu treten. Aber die Anweisung zur Errichtung der Landwehr ist nach den Kräften der Provinzen entworfen. Die Regierungen werden selbige den Ständen mittheilen. Eile ist nöthig, der gute Wille jedes Einzelnen kann sich hier zeigen. Mit Recht vertraue ich auf ihn.

»Mein treues Volk wird in dem letzten entscheidenden Kampfe für Vaterland, Unabhängigkeit, Ehre und eigenen Heerd Alles anwenden, den alten Namen treu zu bewahren, den unsere Vorfahren uns mit Ihrem Blute erkämpften.

»Meine Sache ist die Sache meines Volkes und aller Gutgesinnten in Europa!«

Zugleich erklärte der König, daß er und alle Prinzen seines Hauses an der Spitze der Landwehr ständen. Und so war das große Werk der Nationalbewaffnung eingeleitet und die ganze Nation für waffenfähig erklärt.

In der Einleitung zur Verordnung über den Landsturm, welche vom 21. April datirt, heißt es: »Ich habe meinem getreuen Volke die Vollendung der Landesbewaffnung durch den Landsturm verheißen. Die Landwehr ist, wie ich mit Anerkennung solchen Eifers und solcher Anstrengungen erfahre, in allen Provinzen für errichtet anzunehmen.

»Es soll daher überall sofort zur Errichtung des Landsturms mit der bisherigen Thätigkeit geschritten werden, damit der Feind, wie auch die Erfolge unserer Waffen, die in Gottes Hand liegen, sein mögen, gewahr werde, daß ein Volk nicht besiegt werden kann, welches Eins mit seinem Könige ist.

»Die Unabhängigkeit hängt nicht von einer besondern Beschaffenheit eines Bodens ab. Die Sümpfe der alten Deutschen, die Gräben und Kanäle der Niederländer, die Hecken und das Buschwerk der Wenden, die Wüsten Arabiens, die Berge der Schweizer, der wechselnde Boden der Spanier und Portugiesen haben, vom Volke vertheidigt, stets eine und dieselbe Folge gehabt.

»Hat auch der Angreifer die Wahl des Angriffspunktes für sich: Vaterlandsliebe, Ausdauer, Erbitterung, nähere Hülfsquellen geben auf die Länge dem Vertheidiger das Uebergewicht.«

Nachdem der König in dieser Weise die Bewaffnung der Nation geordnet, erließ er an demselben 17. März den ewig denkwürdigen Aufruf »**An mein Volk**«, wodurch er den **Krieg aus einem Armeenkrieg zu einem Nationalkriege, aus einem preußischen zugleich zu einem deutschen stempelte**. In diesem legte er seinem Volke auf eine rührende und einfache Weise seine Lage dar, und die seines Staates zeigte, wie er gestrebt habe, alle eingegangenen Verbindlichkeiten gegen Frankreich, auch die härtesten, zu erfüllen, wie aber immer Hohn und Uebermuth der Lohn gewesen sei. Jetzt habe Gott gerichtet, und an Rußland sehe man, was ein Volk vermöge, das den Muth habe, Alles an Alles zu setzen. »Gedenkt, sagt der König, gedenkt der Spanier und Portugiesen, gedenkt der Schweizer und Niederländer.

»Große Opfer werden gefordert, allein ihr bringt sie eurem angeborenen Könige. — Aber welche Opfer auch gefordert werden mögen, sie wiegen die heiligen Güter nicht auf, für die wir sie hingeben, für die wir streiten und siegen müssen, wenn wir nicht aufhören wollen, Preußen und Deutsche zu sein.

»Es ist der letzte entscheidende Kampf, den wir bestehen — für unser Dasein, unsere Unabhängigkeit und unsern Wohlstand. Keinen andern Ausweg gibt es, als einen ehrenvollen Frieden oder einen ruhmvollen Untergang.«

Gleichzeitig erging ein **Aufruf an das Heer**, worin folgende ernste Worte vorkommen: »Vielfältig habt Ihr das Verlangen geäußert, die Freiheit und Selbständigkeit des Vaterlandes zu erkämpfen. — Der

Augenblick dazu ist gekommen! Es ist kein Glied des Volkes, von dem es nicht gefühlt werde. Freiwillig eilen von allen Seiten Jünglinge und Männer zu den Waffen. Was bei diesen freier Wille, das ist Beruf für Euch, die Ihr zum stehenden Heere gehört. Von Euch — geweiht das Vaterland zu vertheidigen — ist es berechtigt zu fordern, wozu jene sich erbieten.

»Des Einzelnen Ehrgeiz — er sei der Höchste oder der Geringste im Heere — verschwinde in dem Ganzen. Wer für das Vaterland ficht, denke nicht an sich.

»Euer König bleibt stets bei Euch, mit ihm der Kronprinz und die Prinzen Seines Hauses. Sie werden mit Euch kämpfen. Sie und das ganze Volk werden kämpfen mit Euch, und an Unserer Seite ein zu Unserer und zu Deutschlands Hülfe gekommenes tapferes Volk, das durch hohe Thaten seine Unabhängigkeit errang. Es vertraute seinem Herrscher, seinem Führer, seiner Sache, seiner Kraft, und Gott war mit ihm! So auch Ihr! — Denn auch wir kämpfen den großen Kampf um des Vaterlandes Unabhängigkeit.

»Vertrauen auf Gott, Muth und Ausdauer sei unsere Losung!«

Nach diesen großen Vorbereitungen wurde der Befreiungskrieg, der heilige Kreuzzug, zu welchem das Wort in seiner vollsten Klarheit Preußen und Friedrich Wilhelm III. gegeben hatten, eröffnet. Mit einer nie gesehenen Anstrengung wetteiferten die Provinzen des preußischen Staates in ihrer Volksbewaffnung. Gneisenau war vom Könige zum Generalgouverneur von Schlesien ernannt worden. Schlesien, der Mittelpunkt aller dieser Rüstungen, sandte über 100,000 Mann unter die Fahnen.

Dem Sturm zu begegnen flog Napoleon mit Adlerschnelle herbei. Er war am 25. April in Erfurt eingerückt, drang am 1. Mai bis Weißenfels vor. Die ersten Schlachten von Lützen (den 2. Mai) und von Bautzen (den 20. Mai) wurden von den Preußen nicht gewonnen. Man brach sie ab und zog sich zurück, als man die Unmöglichkeit zu siegen eingesehen hatte. Dieses Abbrechen der Schlachten war eine neue Erscheinung des Volkskrieges, und Napoleon fand, daß der Krieg einen andern Charakter angenommen, da er nach einer gewonnenen Schlacht weder Gefangene machte, noch Kanonen erbeuten konnte. In jedem Volkskriege ist man Sieger, wenn man ihm nur Dauer verleiht und haushälterisch mit den vorhandenen Kräften umgeht. Aus tausend Quellen saugt er immer neues Leben.

Am 23. Mai, nach der Schlacht bei Bautzen, hatte Friedrich Wilhelm sein Hauptquartier zu Löwenberg, darauf in Obergröbitz, wo er den auf Antrag Napoleons zu Stande gekommenen Waffenstillstand ratifizirte, der später bis zum 10. August verlängert wurde. Sonst pflegten Waffenstillstände, die man mit Napoleon abschloß, die Vorboten eines unglücklichen Friedensschlusses zu sein. Der König erließ deshalb eine ausdrückliche Erklärung, daß er denselben nur angenommen, damit sich die Nationalkraft des Volkes vollständig entwickeln könne; dieses dankte dem Könige freudig durch neue größere Anstrengungen. Nach dem Waffenstillstand erst trat die Landwehr siegreich auf. Während desselben wurden durch Vermittelung Oesterreichs in Prag Friedensunterhandlungen eröffnet, die aber fruchtlos blieben. Der Kampf begann aufs neue und Oesterreich trat zum Bunde, womit die Uebermacht sich auf Seiten der Verbündeten stellte.

Scharnhorst war in Prag an den Folgen einer in der Schlacht bei Lützen erhaltenen Verwundung gestorben. Er, der in stiller und sich immer gleichbleibender Thätigkeit seit sieben Jahren die Vorbereitung zu den Tagen der Rettung gemacht, sollte diese Rettung nicht sehen: so hatte ein strenges Schicksal es beschlossen.

Nach dem Plane zum Feldzuge, den die drei verbündeten Fürsten genehmigt, sollte die schlesische Armee unter Blücher Napoleon (der sein Hauptquartier in Dresden hatte) nach Schlesien ziehen, aber jede Schlacht vermeiden. Die große Armee unter Schwarzenberg, die aus 150,000 Oesterreichern und 50,000 Russen und Preußen bestand, sollte dann aus Böhmen aufbrechen und den 24. August vor Dresden sein und dieses nehmen. Am 23. August fand die erste Schlacht, bei Großbeeren, statt; am 26. die an der Katzbach, wo der tapfere Blücher den Namen Marschall Vorwärts erhielt. Gleichzeitig mit dieser trug sich die Schlacht bei Dresden am 26. und 27. August zu, infolge deren die verbündete große Armee, bei der sich die Monarchen befanden, nach Böhmen zurückgehen mußte. Culm gab Ersatz für den Verlust bei Dresden. Nach dem Siege kniete der König auf dem Schlachtfelde nieder und dankte dem Herrn der Heerschaaren für den errungenen Sieg. Am 6. September wurde Ney, der statt Oudinots, welcher nach Berlin hatte vordringen wollen, aber am 4. Juni bei Luckau, am 23. August bei Großbeeren aufs Haupt geschlagen war, das Kommando übernommen, bei Dennewitz niedergeschmettert, und hierdurch Berlin aufs neue von jeder Gefahr befreit.

Seit Ende September waren die verbündeten Heere auf allen Seiten im Vordringen: die österreichische Armee rückte wieder aus Böhmen vor; Blücher war mit der schlesischen bei Wartenburg über die Elbe gegangen, und die Schlacht von Leipzig begann. Groß und kühn bot Napoleon hier dem verbundenen Europa und dem Schicksal Schach. Am 14. October kam er in Leipzig an, traf am 15. seine Anstalten und am 16. dröhnte der Signalschuß, mit welchem Schwarzenberg mit den Oesterreichern die Völkerschlacht begann. Alle Armeen der Verbündeten hatten sich im Halbkreise um die concentrirten Massen Napoleons aufgestellt. Es waren 500,000 Mann, die Kraft und Blüthe von acht Nationen, welche um die Freiheit oder den Besitz Europas kämpften. An einem

Schlachttage konnte ein solcher Kampf nicht entschieden werden, und der 16. October entschied nichts. Der 17. October wurde von beiden Heeren zur Vorbereitung für den Entscheidungskampf am 18. verwendet, und dieser machte wahr, was die Flammen Moskaus verkündet hatten. Alle Kriegskunst Napoleons, alle Tapferkeit der Franzosen vermochte nicht das Schicksal zu wenden. Der 19. October sah Napoleon auf dem Rückzuge. Leipzig hatte seine Macht jenseits des Rheins auf immer gebrochen. So wie dort bei Culm sehen wir hier eine Siegesfeier, wie sie Gott gefällt. Die verbündeten Monarchen knieeten, nachdem sie durch den Oberbefehlshaber ihrer Heere den Fürsten Schwarzenberg die Siegeskunde erhalten hatten, angesichts ihrer Heere nieder und brachten Gott ein Dankopfer. An demselben Tage Mittags um 12 Uhr hielten der König und sein Freund Alexander ihren feierlichen Einzug in die jubelnde Stadt Leipzig.

Die Franzosen wurden nun aus ganz Deutschland hinausgeworfen und flohen in verworrener Eile über den Rhein, wo nur die Trümmer eines Heeres anlangten, das im August noch 340,000 Mann stark gewesen war. Ganz Deutschland war jetzt befreit und die fröhliche Erhebung eines Volkskrieges, welcher in Preußen begonnen, pflanzte sich überall fort bis zum Rhein. Preußen leuchtete hierbei als Vorbild, sein Heer wurde überall mit Ehrfurcht empfangen, so wie jedes Bürgerheer, das mit Bewußtsein für die Befreiung seines Vaterlandes streitet. Besonders günstig wurden die freiwilligen Jäger aufgenommen, die überall die Jugend mit in ihr Interesse und das Interesse der deutschen Sache zogen. Ein Bürgersinn belebte Alle und damals wurde nicht unterschieden zwischen Preußen und Deutschland. Deutschland stand im Begriff in Preußen unterzugehen — und Preußen in Deutschland!

So hatten Preußens König und Volk sich herrlich bewährt. Von Leipzig ging Friedrich Wilhelm nach Berlin; den 24. October, also an demselben Tage, wo sieben Jahre früher die Franzosen nach der Hauptstadt gekommen, hielt der König seinen Einzug, um in der Domkirche Gott für den endlichen Sieg zu danken. Nach einem Aufenthalte von wenigen Tagen reiste er nach Breslau, kehrte am 5. November von dort zurück und begab sich am 8. wieder zur Armee. Die beiden Kaiser waren schon am 5. und 6. November im großen Hauptquartier zu Frankfurt a. M. eingetroffen. Die gesammte deutsche Nation war nun dem Kampfe gegen Napoleon beigetreten.

Mitten aber im Tumulte der Waffen vergaß der König nichts von dem, was seinen Ländern zum Gedeihen gereichen könnte. Selbst die Wissenschaften entgingen auch jetzt nicht seiner Aufmerksamkeit. Die Universität Halle, vom Könige von Westfalen aufgehoben, wurde auf seinen Befehl am 19. November wiederhergestellt und allen anderen Bildungsanstalten fernerer Schutz verheißen.

In der Neujahrsnacht 1813/14 trugen die Verbündeten ihre Fahnen über den Rhein, und das deutsche Volk und die deutsche Jugend suchten den Feind in seinem eigenen Lande auf. Blücher ging mit der schlesischen Armee voran. Der König nahm Manheim gegenüber die Glückwünsche der Offiziere des Sackenschen Corps, welches eben die französischen Verschanzungen erstürmt hatte, auf dem linken Rheinufer entgegen. Bülow hatte seit dem November Holland befreit und setzte am 6. Januar über die Waal, um nach Belgien vorzubringen. Die große Armee ging durch die Schweiz nach Frankreich und lehnte sich, Genf in Besitz nehmend, an den Jura an. Bei den siegreichen Schlachten von La Rothière, Bar sur Aube (wo unser jetziger Heldenkaiser das eiserne Kreuz empfing), La Ferté, Fère-Champenoise u. s. w. war Friedrich Wilhelm selbst zugegen und gab wiederholt glänzende Beweise persönlichen Muthes. Als nach den unglücklichen Gefechten vom 11. bis 18. Februar im Kriegsrath die Frage aufgeworfen wurde, ob man nicht besser thun würde, sich bis Chaumont zurückzuziehen, erkannte der König gleich, daß es sich im Grunde um einen Rückzug bis an den Rhein handle, und erklärte sich auf das Bestimmteste dagegen. Der Muth, der ihn selbst beseelte, war auch seinen Preußen eigen. So brauchte er denn nicht zu armseliger, zagender Klugheit seine Zuflucht zu nehmen, und gab mit Vergnügen dem alten Blücher die Erlaubniß, auf Paris loszurücken. Die große Armee konnte jetzt keine rückgängige Bewegung machen, und auf Alexanders Betrieb willigte Schwarzenberg ebenfalls ein, daß zur Offensive übergegangen würde. Als Blücher am 9. März die Franzosen bei Laon niedergehauen hatte, rückte sie daher wieder vor.

Die Heere der Verbündeten vernichteten auf ihrem Zuge nach Paris ein französisches Armeecorps, welches in ihre Marschlinie gerieth, und standen am 30. März vor der Hauptstadt. Sie griffen gleich die Höhen von Belleville und Montmartre an. Als diese genommen waren, ergab sich die Stadt. Den folgenden Tag zogen die Monarchen an der Spitze ihrer Leibwachen und unter dem Jubel des Volkes in Paris ein.

Ohne weiter mit dem Schicksale zu ringen, unterwarf sich Napoleon demselben, dankte ab und ging nach Elba. Den 30. Mai 1814 wurde der Friede von Paris geschlossen.

Aus tiefer Erniedrigung hatte Preußen sich wieder zu dem Range einer großen Macht emporgearbeitet. Die Victoria auf dem Brandenburger Thore, welche die Franzosen nach Paris geschleppt hatten, wurde nach Berlin zurückgeführt. Sie war jetzt zum wirklichen, zum schönsten Siegeszeichen geworden.

König Friedrich Wilhelm erließ am 3. Juni von Paris aus eine Danksagung an sein Volk und sein Heer, und noch an demselben Tage organisirte er den Staat in einer dem jetzt eingetretenen Friedensstande angemessenen Weise. Unter der Oberleitung des Staatskanzlers sollten sechs Ministerien bestehen, nämlich der auswärtigen Angelegenheiten, der Justiz, der Finanzen und des Handels, des Krieges, der Polizei und des Innern. Hierauf erfolgte eine Einladung des Prinz-Regenten von England an die verbündeten Monarchen, welcher der König von Preußen und der Kaiser von Rußland Folge leisteten. Am 5. Mai trafen beide in Begleitung ihrer berühmtesten Feldherren und Staatsmänner in Boulogne ein, gingen am folgenden Tage zu Schiffe und landeten abends unter dem Donner der Geschütze der Festung und des sie begleitenden Flottengeschwaders. Die ganze Nacht hindurch nahm das Getöse kein Ende. Eine ungeheure Menschenmasse hatte sich unter endlosem Jubel versammelt, um die Monarchen zu sehen. Die Begeisterung war in der That lästig geworden. Sie beschlossen daher, in der Stille nach London zu reisen; es glückte. Der Empfang von Seiten des Regenten war so glänzend als möglich, und alles wurde aufgeboten, über das von jeher gastliche England den Glanz eines herrlichen Festes zu verbreiten. Ueberall aber, wo die Monarchen sich zeigten, wurden sie von vielen Tausenden mit Jubel begrüßt, und bald gewöhnten sie sich an die Art und Weise, wie das dortige freie Volk ihnen seinen Antheil zu erkennen gab.

Am 9. Juni wurde der König mit großen dabei herkömmlichen Feierlichkeiten in die Zahl der Ritter des Hosenbandordens aufgenommen. In dem Statut, welches der Kanzler verlas, hieß es, daß der König wegen seines Heldenmuthes und seiner kriegerischen Talente, durch die er sich die allgemeine Bewunderung erworben, diesen Orden erhalte. Bald nachher begaben sich die Monarchen nach der alten Universitätsstadt Oxford, wo sie die ihnen angetragene Doctorwürde und das Bürgerrecht annahmen. Nach einem Aufenthalte von drei Wochen verließen sie am 23. Juni London wieder, ebenso zufrieden mit dem englischen Volke, als dieses mit ihnen, wie Alexander sich ausdrückte, und langten am 26. in Calais an. Von hier ging der König über Paris nach Neufchatel, das er als Erbgut seines Hauses wieder in Besitz genommen. Unter dem Frohlocken der Menge traf er daselbst am 12. Juli ein, gab dem Lande mit Rücksicht auf seine alten Freiheiten und die jetzt näher geregelten Verhältnisse zu der Schweiz eine neue Verfassung, und kehrte dann unter dem Namen eines Grafen von Ruppin nach Berlin zurück, wo er am 5. August eintraf.

Der König war immer ein Feind aller öffentlichen Feierlichkeiten gewesen, die man seiner Person zu Ehren anstellen wollte. So erklärte er denn auch jetzt den Würdenträgern des Staates, der Generalität und den städtischen Beamten, daß er die angeordnete Friedensfeier, insofern sie nicht blos einen religiösen Charakter habe und mit Glanz und Pracht verbunden sei, nur in Rücksicht auf Volk und Heer und dessen tapfere Führer gutheißen könne. Ihm selbst gebühre die Ehre nicht. Auch entfernte der im Siege so christlich demüthige Monarch aus den getroffenen

Anstalten Alles, was Stolz und Eitelkeit oder Haß und Hohn hätte ausdrücken können. Friedrich Wilhelm ist vielleicht nie bewunderungswürdiger gewesen, als in dem Augenblicke, wo er bescheiden in den Hintergrund gegen die andern Verdienten zurücktreten wollte.

Den Einzug, den er von den Prinzen seines Hauses und seinen Feldherren umgeben an der Spitze der Garden am 7. August in Berlin hielt, war dennoch eines der imposantesten Schauspiele. In Begleitung Blüchers, Bülows und anderer Offiziere nahm der König abends nach der Oper die allgemeine Beleuchtung in Augenschein. Eine solche hatte Berlin noch nie gesehen. Die der öffentlichen Gebäude glänzte durch Kunst und Geschmack, aber auch die geringste Wohnung strahlte nach dem Vermögen der Einwohner im hellen Lichterschimmer.

Und so hatten sich denn die neuen Einrichtungen, welche der König seinem Heere gegeben, in einem glorreichen Feldzuge aufs Trefflichste und Herrlichste bewährt. Das 1806 Verlorene war durch das Heer von 1813 wiedergewonnen.

Wenn der pariser Friede nur über das Schicksal Frankreichs und über die neue Stellung dieser Macht im europäischen Staatenbunde bestimmt hatte, so waren dagegen die wichtigsten Angelegenheiten, von welchen das neue politische Gleichgewicht in Europa abhing, noch unentschieden geblieben. Bei der dringenden Nothwendigkeit, die allgemeinen Bestimmungen des pariser Friedens und die Verhältnisse der europäischen Staaten näher festzustellen, wurde daher am 1. October zu Wien der denkwürdige Wiener Congreß eröffnet. Schon in den letzten Tagen des Monats September 1814 traf in der alten Kaiserstadt Deutschlands eine Versammlung von Fürsten und Staatsmännern zusammen, wie sie in dieser Zeit und unter diesem äußern Glanze dem jüngern Europa unmöglich erschien. Auch Friedrich Wilhelm begab sich dorthin und wurde nebst dem russischen Kaiser vom Kaiser Franz persönlich am 25. September mit großer Pracht feierlich eingeholt.

Der Congreß selbst wurde zwar am 1. October eröffnet, allein die langen Verhandlungen über mehrere politische Vorfragen bewirkten, daß der Beginn der eigentlichen Geschäfte desselben bis zum 1. November verschoben ward. Während also geräuschvolle Feste und aller Zauber abwechselnder Lustbarkeiten die Blicke von Tausenden blos auf die äußeren Umgebungen der versammelten Fürsten und Diplomaten zogen, suchte die Politik ihre mannigfach verschlungenen Aufgaben zur Befriedigung der vielfach einander anfeindenden Interessen zu lösen. Besonders wichtig und schwierig war die Entscheidung der polnisch-sächsischen Angelegenheiten; denn Rußland verlangte für sich das ganze vormalige Herzogthum Warschau, und Preußen, welchem von seinem Verbündeten ein Länderbestand mit einer Bevölkerungszahl, wie die preußische Monarchie im J. 1805 gehabt hatte, versprochen und garantirt worden war, beharrte auf der Erwerbung des ganzen Königreichs Sachsen als Schabloshaltung für seine vormaligen süd- und ostpreußischen Provinzen, besonders auch weil Bayern die Herausgabe Ansbachs und Baireuths an Preußen verweigerte und Preußen bereits im J. 1813 die Fürstenthümer Hildesheim und Ostfriesland an Hannover im Voraus abgetreten hatte. Nach vielen Schwierigkeiten und Hindernissen wurde endlich in Ansehung Preußens durch den Congreß bestimmt, daß es einen Theil von Sachsen erhalten, und zwar dieses Königreich so getheilt werden sollte, daß zwei Fünftheile seiner Bevölkerung an Preußen kämen, die übrigen drei Fünftheile aber dem Könige von Sachsen zurückgegeben würden; dann sollte von Polen ein bedeutender Landstrich unter dem Namen Großherzogthum Posen getrennt und an Preußen verliehen werden; an beiden Ufern des Rheins sollte Preußen ebenfalls einen Gebietszuwachs erfahren. Den von Hannover erhaltenen Theil von Lauenburg trat der König von Preußen an Dänemark ab, empfing aber dafür Schwedisch-Pommern und die Insel Rügen mit der Bedingung, an Dänemark zwei Millionen Thaler und die von Schweden schuldige Summe von 600,000 Thlr., an letztere Macht aber noch außerdem 3½ Millionen Thaler zu zahlen.

Indeß war noch kein wichtiger Gegenstand auf dem Congresse wirklich zu Ende gebracht worden, als plötzlich am 5. März 1815 die Nachricht nach Wien kam, Buonaparte habe sein Eiland verlassen und sei am 1. März in Frankreich gelandet. Diese Begebenheit berührte Europa wie ein elektrischer Schlag. Schon am 20. März traf der Corse in Paris ein, ohne irgend welchen Widerstand gefunden zu haben. Der König von Frankreich Ludwig XVIII. hatte erst am Morgen desselben Tages seine Residenz verlassen, an welchem Napoleon in derselben eintraf: die Bourbons waren zum zweitenmale von ihrem Throne gestoßen.

Diese Nachricht machte plötzlich allen Streitigkeiten des Congresses ein Ende. Die kleineren Rücksichten, welche dem Fortgange der Verhandlungen bisher hinderlich gewesen waren, verschwanden mit einemmale; denn alle Monarchen fühlten, wie dringend es nöthig sei, in größter Eintracht dem gemeinsamen Feinde sich entgegenzustellen, sollten nicht die früheren Opfer vergebens gebracht sein. Die vier Mächte erneuerten am 25. März 1815 den Bundesvertrag, welcher am 1. März 1814 zu Chaumont abgeschlossen war: Preußen, das nach demselben nur 150,000 Mann ins Feld zu stellen hatte, rief 236,000 Mann unter die Waffen. Von neuem wurden freiwillige Jägerschaaren gebildet, die Landwehr einberufen und sogar der Landsturm aufgeboten. Am 26. Mai verließ der König Wien, kehrte auf kurze Zeit nach Berlin zurück und reiste am 22. Juni nach dem Rhein ab, um dem Kriegsschauplatze näher zu sein. Dort aber war am 18. bereits das Schicksal

Napoleons und damit das Europas entschieden worden, und Preußen hatte abermals unsterblichen Ruhm erworben.

Die preußischen Truppen, welche in der Gegend des Rheins stehen geblieben, waren schon im April unter Anführung des erprobten Fürsten Blücher über die französische Grenze gedrungen und dann durch die aus Deutschland nachfolgenden verschiedenen Heeresabtheilungen zu einer Armee von 120,000 Mann verstärkt worden. Zugleich war in Belgien eine englische Armee, aus 40,000 Mann bestehend, unter Wellington gelandet und verstärkte sich noch durch 25,000 Hannoveraner, 10,000 Braunschweiger und 20,000 Niederländer. Die Verbündeten hatten zuerst am 1. Juli den Feldzug eröffnen wollen, allein Napoleons Ungeduld beschleunigte den Ausgang. Schon am 15. Juni erzwang er sich mit einer beispiellos schnell zusammengebrachten Armee von 150,000 Mann den Uebergang über die Sambre bei Thuin und Charleroi, und drängte die preußischen Vorposten bis Ligny zurück. Die Schlacht von Ligny, welche am folgenden Tage geschlagen ward, ist eine der denkwürdigsten. 80,000 Preußen kämpften hier mit unbeschreiblichem Heldenmuthe gegen 130,000 Franzosen und behaupteten bis zum Anbruche der Nacht das Schlachtfeld. Erst als die Dunkelheit anbrach, zogen sich die wackern Preußen zurück, hatten aber auch den Tod ihres tapfern Feldherrn des Herzogs von Braunschweig zu beklagen. Den rächten sie zwei Tage später bei Belle-Alliance. Hier waren die Engländer unter Wellington fast schon geschlagen, da eilten die Preußen herbei, verstärkt noch durch das Bülowsche Corps, das bei Ligny nicht mitgefochten hatte. Die Niederlage der Franzosen war fürchterlich, ihre Armee völlig aufgelöst. Napoleon und die Seinen ergriffen die Flucht und das in größerer Verworrenheit und Bestürzung, als vor den Mauern von Leipzig der Fall gewesen war. Kaum 40,000 Mann waren es, die als Ueberbleibsel der französischen Armee, zum Theil ohne Gewehre, nur noch mit 27 Geschützen am folgenden Morgen durch Charleroi eilten. Mehr als 300 Kanonen, 500 Pulverwagen, der ganze Proviantrain und alles Gepäck fielen in die Hände der Sieger, welche sogleich darauf bedacht waren, ihren Sieg möglichst auszunutzen. Besonders die Preußen blieben dem fliehenden Feinde stets auf den Fersen, und als sich dieser nochmals bei Sevres am 2. und bei Issy am 3. Juli festsetzte, überwanden sie ihn abermals und zogen am 7. Juli unter Blüchers Anführung zum zweitenmale siegreich in Paris ein.

Ludwig XVIII. saß am 9. Juli schon wieder auf dem Throne Frankreichs, und am andern Tage trafen auch Friedrich Wilhelm, Alexander und Franz in Paris ein, um abermals den Streit zwischen Frankreich und Europa zu schlichten. Ganz so gut wie 1814 kamen die Franzosen diesmal nicht davon. Obgleich sie versicherten, daß sie völlig unschuldig an der Zurückkunft Buonapartes seien und daß die

Bourbons sich nicht vertheidigt hätten, so wurden ihnen doch 700 Millionen Franken Kriegssteuer aufgelegt, dann ihre geraubten Kunstschätze zum größten Theil wiederabgenommen, und endlich ein Besatzungsheer von 150,000 Mann fünf Jahre lang in ihre Grenzen gelegt.

Am 20. November 1815 erfolgte der förmliche Abschluß des Friedens; zugleich erneuerten die vier Mächte ihren feierlichen Vertrag, der unter dem Namen »der heilige Bund« allgemein bekannt ist und dessen Zweck in der Aufrechthaltung der öffentlichen Ruhe und der rechtmäßigen Gewalt bestand.

Nicht treffender und schärfer kann das Ergebniß, welches für Deutschland aus allen jenen großartigen Anstrengungen bis zur Erneuerung der Kaiserwürde erflossen ist, zusammengefaßt werden, als Pertz (Leben des Ministers Freiherrn vom Stein. 2. Aufl. IV. S. 587) es in folgenden theilweise prophetischen Worten gethan hat: »Für Deutschland ging aus diesen Kämpfen und Verhandlungen die theuer erkaufte Lehre hervor, daß keine der großen europäischen Mächte aufrichtig sein Heil, seine Sicherheit und Kraft wünscht; daß zwar jede derselben unter allen Umständen bereit ist mit deutschem Blut und deutschen Waffen ihre Kriege zu führen, daß deutsche Mächte, die großen wie die kleinen, in der Stunde der Noth gesucht und gefeiert und mit den bündigsten Versprechungen zur Hingebung ermuntert werden, daß aber so wie deutsche Heere den Sieg errungen haben und der gemeinschaftliche Feind niedergeworfen ist, keine deutsche Macht, weder große noch kleine, auf gerechte Entschädigung und auf die nothwendigen Bedingungen der Unabhängigkeit rechnen darf, sondern erwarten muß, daß die andern Mächte sich über Deutschlands Verluste die Hände reichen. Deutschland darf seine Hoffnung so wenig auf England als auf Rußland oder Frankreich setzen, es darf auf Niemand rechnen als auf sich selbst: erst wenn kein Deutscher mehr sich zu des Fremden Schildknappen erniedrigen mag, wenn vor dem Nationalgefühl alle kleinen Leidenschaften, alle untergeordneten Rücksichten verstummen, wenn infolge einträchtiger Gesinnung Ein starker Wille Deutschlands Geschicke lenkt, wird Deutschland wieder, wie in seinen früheren großen Zeiten, kräftig, stolz und gefürchtet in Europa stehen — bis dahin muß es dulden und schweigen.«

Der preußische Staat hatte nun seinen alten Umfang von 5000 Quadratmeilen und 10¾ Millionen Einwohner wiedererhalten. In Hinsicht der Entwickelung seiner Institutionen trat er nun in neue Verhältnisse und in eine neue Periode.

Das Leben der Könige kann man nur würdig darstellen durch das, was sie gethan, durch die Einrichtungen welche sie getroffen, durch die Gesetze die sie gegeben haben. Unter Eduard I. von England wurde eine große Anzahl weiser Gesetze erlassen. Die Engländer pflegen von seiner Regierungszeit zu sagen, daß die guten Gesetze damals aus der Erde gewachsen seien. Aehnliches kann man von der Regierung des Königs Friedrich Wilhelm III. behaupten. Denn wirklich läßt sich seit der Regierung des großen Kurfürsten keine Periode aufweisen, wo eine so große Anzahl organischer Gesetze gegeben worden wäre, die alle zu einem und demselben System gehören und alle in einander greifen. Diese hier zusammenzustellen schien schon deshalb von Nutzen, da sie sämmtlich nur eine Fortbildung der Gesetzgebung sind, die in den Jahren der Noth die innere Gestalt des Staates so schöpferisch umwandelte.

Das erste Bedürfniß war eine gleichförmige geordnete Verwaltung. Diese erfolgte im Jahre 1816. In demselben Jahre erließ der König eine merkwürdige Kabinetsordre, in welcher er für die Rheinprovinzen eine Immediat-Justizcommission ernannte und die Rechtsinstitutionen aufrecht zu erhalten befahl, welche dort bestanden. In ihr stehen die trefflichen Worte: »Ich will, daß das Gute aufgesucht und beibehalten werde, wo es sich auch findet und gleich viel, welches Ursprungs es sein möge.« Das Jahr 1817 wurde bemerkenswerth durch die Einsetzung des Staatsrathes, welche der König schon im Jahre 1810 verheißen hatte (s. S. 30), die aber durch den Gang der Begebenheiten bis dahin verzögert worden. Er wurde am 31. März eröffnet, und es machte einen angenehmen Eindruck, daß der König hierzu den Jahrestag der Schlacht vor Paris wählte. Das neue Steuersystem, zu dem die Gesetze von 1810 die Grundlage bildeten, war in den östlichen Provinzen zum Theil eingeführt worden. Die schwierige Lage, in welcher sich früher der Staat befand, und die Anwesenheit eines argwöhnischen Feindes machten, daß es nicht zu seiner Vollendung kam. Es mußte, wenn es mit der neueren Gesetzgebung im Einklange sein sollte, auf einer völligen Gewerbefreiheit beruhen. Man mußte daher alle Hemmnisse, die im Innern des Staates den Verkehr hinderten, wegnehmen. Diese Hemmnisse hingen aber mit der Erhebung der Accise zusammen, und man mußte auf die ganze Accise Verzicht thun, wenn man das neue Steuersystem folgerecht durchführen wollte. Der König entschied sich für die Aufhebung der Thor-Accise und für die Einführung eines völlig freien Verkehrs im Innern. Er erließ nun das merkwürdige Gesetz vom 26. Mai 1818, in welchem er alle inneren Zoll- und Accislinien aufhob und auf die Grenze des Reiches setzte. Diesem folgte am 8. Februar 1819 ein Gesetz, in welchem die Besteuerung von Branntwein, Bier, Weinmost und Tabaksblättern angeordnet wurde. Hieran schlossen sich am 17. Januar 1820 ein Gesetz in Hinsicht des Salzmonopols, am 30. Mai ein Gesetz, in welchem der König eine allgemeine Mahl- und Schlachtsteuer für 136 große und mittlere Städte anordnete.

Die Gesetzgebung von 1818 bis 1820 umfaßte beinahe das ganze indirekte Abgabensystem, da in ihr auch die Gewerbesteuer aufs neue geordnet worden ist. Ein neues Stempelgesetz vollendete später diesen Zweig der Gesetzgebung. Die Reform der Grundsteuer, die unter den verschiedenen Steuern die größten Schwierigkeiten bietet, verschob der König. Mit dem Gesetze vom 30. Mai 1820, wodurch alles vereinfacht wurde und eine Menge Abgaben allerhand Art wegfiel, die in den verschiedenen Provinzen nach ganz verschiedenen Systemen waren erhoben worden, wurde das indirekte Steuersystem vollendet.

Unterm 22. Mai 1815 erließ der König ein Edikt, in welchem er seinem Volke bekannt machte, was er in Hinsicht des Verfassungswesens zu thun Willens sei. Der Staatskanzler, der mit der Vollziehung der hierauf bezüglichen Verordnung beauftragt war, wurde durch die politischen Begebenheiten bis in den November in Paris zurückgehalten. Als dieser zurückkam, hatte sich ein Kampf zwischen den Parteien erhoben, der es nicht rathsam machte, das Verfassungswerk früher zu beginnen, als bis dieser Kampf geendet sei. Nachdem der König am 30. Mai 1817 den Staatsrath eingesetzt hatte, erließ er an denselben eine Kabinetsordre, in welcher die Mitglieder der Kommission ernannt wurden, welche die Verfassungsurkunde ausarbeiten sollten.

In demselben Jahre bereisten drei Mitglieder der Kommission die verschiedenen Provinzen des Reiches, um Nachrichten über die älteren Verfassungen derselben einzuziehen und die Meinungen der bedeutendsten Männer über dieselben zu hören. Im folgenden Jahre aber fand sich, daß die Einführung einer Verfassung mit einem Repräsentativsystem einen Verzug, welcher aus innern Schwierigkeiten der Sache selbst entsprang, erleiden müsse; man fuhr indeß fort, durch die Entwicklung der inneren Einrichtungen Preußens ihr vorzuarbeiten.

Unterm 17. Januar 1820 veröffentlichte der König ein Gesetz über die Regulirung und Feststellung der Staatsschuld. In diesem wurde sie auf 180 Millionen 91,720 Thlr. unwiderruflich festgestellt und im Paragraph 2 bestimmt, daß, wenn in Zukunft neue Anleihen nöthig sein sollten, diese nur mit Zuziehung und Mitberathung der Reichsstände geschehen könnten. Zugleich errichtete der König eine Hauptverwaltung der Staatsschulden, welche er mit der Tilgung derselben sowol in Kapital als Zinsen beauftragte. — An demselben Tage befahl er die Vollendung der Gesetzentwürfe über die Gemeinde-Ordnung, über das Theilen der Gemeinheiten und eine allgemeine Schulordnung, welche im Staatsministerium und im Staatsrathe vorlagen. Hieran schloß sich am 25. September 1820 ein Gesetz über die Gutsverhältnisse und das Bauernwesen in Westfalen.

Am 21. November 1815 erließ der König die Landwehrordnung. Zu den wesentlichsten Veränderungen in der innern Monarchie gehörten auch die in jedem Regierungsbezirke eingesetzten Regierungen für die Landes-, Polizei- und Finanzangelegenheiten, die Oberlandesgerichte für die Gerechtigkeitspflege, die Oberconsistorien in den Provinzen und die Gründung einer künftigen preußischen Seemacht im Jahre 1818. Als Mitglied des deutschen Bundes ließ Friedrich Wilhelm am 4. Mai 1818 zu Frankfurt a. M. erklären, daß die Provinzen Brandenburg, Schlesien, Pommern, Sachsen, Cleve-Berg, Westfalen und Niederrhein mit einer Bevölkerung von 7,923,600 Einwohnern zum deutschen Bunde gehören sollten. Unterm 26. Mai 1818 wurden alle innern Zoll- und Accisfelinien aufgehoben. Zu den fernern Verordnungen und neuen Einrichtungen gehören: die schon erwähnte (s. S. 32) Stiftung der Universität Bonn am 18. October 1818, wogegen die Universitäten zu Erfurt, Münster, Duisburg und Paderborn aufgehoben wurden; die Schließung der Turnplätze im Jahre 1819; die Censurverordnung vom 18. October 1819; die Instruction über die spezielle und definitive Ordnung der Verhältnisse der Mediatisirten vom 30. Mai 1820; das neue Münzgesetz vom 30. September 1821; die Bestätigung der rheinisch-westfälischen Handelsgesellschaft. Für die Gestaltung des katholischen Kirchenwesens innerhalb der preußischen Monarchie ward eine Diöcesancircumscription mit dem Papste Pius VII. geschlossen, wornach der König die in der päpstlichen mit den Worten De salute animarum beginnenden Bulle aufgestellten Erzbisthümer, Bisthümer, Domkapitel u. s. w. nach ihrer vom Staate übernommenen Ausstattung am 23. August 1821 bestätigte, doch wie Friedrich Wilhelm ausdrücklich sagte: »Unbeschadet Meiner Majestätsrechten, wie auch allen Meinen evangelischen Unterthanen und der evangelischen Kirche des Staates.« Am 5. Juni 1823 erschien das allgemeine Gesetz wegen Anordnung der Provinzialstände. Diese sollten im »Geiste der älteren deutschen Verfassungen eintreten, wie solche die Eigenthümlichkeit des Staates und das wahre Bedürfniß desselben erforderten.« Diesem allgemeinen Gesetze folgten in den Jahren 1823 und 1824 die besonderen Gesetze für die einzelnen Provinzen. Für die Vereinfachung der Gerechtigkeitspflege wurden 1827 in Ost- und Westpreußen auf den Antrag der Stände Schiedsrichter ernannt.

Möge diese Uebersicht über Friedrich Wilhelms III. Thätigkeit auf dem gesetzgeberischen Gebiete befriedigen! Seine Regierungszeit ist so reich an neuen Staatseinrichtungen, daß die Zusammenstellung eines Gemäldes derselben mannigfache Verlegenheiten bereitet, zumal sehr Vieles ohne Geräusch zum Besten des Landes geschah und fast gar nicht bemerkt wurde.

Im Jahre 1817 am 13. Juli hatte der König die Freude, seine älteste Tochter mit dem Großfürsten, spätern Kaiser Nikolaus von Rußland vermählt zu sehen, worauf sie die Namen Alexandra Feodorowna annahm. Im folgenden Jahre machte er, um der geliebten Tochter einen Besuch abzustatten, in Begleitung des Kronprinzen eine Reise nach Rußland. Am 16. Juni hielt er in Moskau seinen feierlichen Einzug und begab sich von dort nach St. Petersburg, von wo er am 16. Juli wieder nach seinen Staaten zurückkehrte und am 30. Juli in Berlin eintraf.

Hier möge auch der Vermählung der beiden andern Prinzessinnen-Töchter gedacht werden, wenngleich deshalb der Zeit vorgegriffen werden muß. Die zweite Tochter Friederike Wilhelmine Alexandrine Marie Helene wurde 1822 mit dem Großherzog Paul von Mecklenburg verehelicht, und ihre jüngste Schwester Luise Auguste Wilhelmine Amalie 1825 dem Prinzen Friedrich der Niederlande zur Gemahlin gegeben.

Schon 1817 war auf Unterhandlungen, welche Frankreich angeknüpft, von dem dort stehenden Besatzungs- und Beobachtungsheere ein Fünftel zurückgezogen worden, und nun wurde hauptsächlich zur Erörterung der Frage, ob Frankreich jetzt schon Garantie genug für Aufrechthaltung der allgemeinen Ruhe gewähre, um ganz geräumt werden zu können, ein Congreß zu Aachen festgesetzt, dessen Eröffnung am 9. October 1818 stattfand. Der Kaiser von Rußland kam auf seiner Reise dorthin am 19. September nach Berlin und half dem König den Grundstein zu dem großen preußischen Volksdenkmale aus Gußeisen legen, welches Friedrich Wilhelm auf der einzigen Anhöhe bei Berlin, dem Kreuzberge, nach einem Entwurfe Schinkels errichten ließ und späterhin nach seiner vollendeten Aufstellung am 30. März 1821 feierlichst einweihete. Am 22. September 1818 trat auch der König in Begleitung seines dritten Sohnes des Prinzen Karl die Reise nach Aachen an, wo er am 27. desselben Monats eintraf. Der Congreß bestimmte die gänzliche Räumung Frankreichs. Ehe das Besatzungsheer aber abzog, wollten der König und der Kaiser daßselbe die Musterung passiren lassen. Beide Monarchen trafen in Valenciennes zusammen und hielten am 22. und 23. Oktober bei dem Lager von Jamars Heerschau über die bort versammelten verbündeten Truppen, worauf ein Gleiches am 26. October bei Sedan über das preußische Armeecorps geschah. Von hier aus ging der König mit dem Prinzen Karl nach Paris, hielt sich dort vom 28. Oktober bis zum 3. November auf und traf den 5. November wieder in Aachen ein. Da der Congreß schon am 15. desselben Monats geschlossen wurde, so reiste der König am 21. über Köln und Mainz nach Berlin zurück, wo er am 29. November ankam.

Am 2. September 1819 ging Friedrich Wilhelm III. nach Schlesien ab, um den Herbstübungen der dort garnisonirenden Truppen beizuwohnen, kehrte aber schon am 10. nach Charlottenburg zurück. Auf dieser Reise besuchte er den sterbenden Blücher. Nachdem er den greisen Kriegshelden bereits im Jahre 1814 zum Fürsten ernannt und würdig beschenkt hatte, ertheilte er ihm nach dem Kriege auch große Güter zum ewigen Besitze; und als der Ruhmgekrönte endlich am Ende seiner irdischen Laufbahn angekommen war und, ein siebenzigjähriger Greis, auf dem Sterbebette lag, schaute ihn der König zum letztenmale. Es war am 6. September 1819, als Friedrich Wilhelm III. auf dem Gute Kriblowitz erschien und an das Krankenlager Blüchers trat. Als der edle Held seine Freude ausgedrückt hatte und von seinem baldigen Ende sprach, tröstete ihn der König und redete ihm Muth ein, indem er sagte: »Sie können überzeugt sein, daß niemand mehr Theil an Ihrem Wohle nimmt als ich. Ich weiß, was das Vaterland und ich Ihnen schuldig sind. Geben Sie die Hoffnung auf Ihre Wiederherstellung nicht auf.« Aber schon sechs Tage nachher, am 12. September 1819, entschlief der unsterbliche Held zum größten Schmerze des Königs. Er ließ ihm ein würdiges, in seiner Art ausgezeichnetes Denkmal, eine kolossale Bildsäule auf einem hohen Fußgestelle aus gegossenem Metall auf dem Opernplatze in Berlin errichten. Am Schlachttage von Belle-Alliance, am 18. Juni 1826 wurde dasselbe vor einer unzähligen Volksmenge unter angemessener Feier enthüllt. An der vordern Fläche des Fußgestelles sieht man eine schwebende Siegesgöttin, welche eine Tafel mit der Inschrift hält: »Friedrich Wilhelm III. dem Feldmarschall Fürsten Blücher von Wahlstatt im Jahre 1826.«

Es war jetzt wieder eine Zeit tiefer Ruhe über die Welt gekommen. Das Leben wurde Allen leicht und bequem. Das Vertrauen war zurückgekehrt und erleichterte jedes Geschäft. Kein Wunder daher, wenn es jeder sich auch etwas behaglich zu machen suchte. Und wer sähe nicht mit mehr Lust das frischbewegte Leben, das die Fürsten damals geführt, als den steifen unbehaglichen Zwang, womit ehedem die geringste Verhandlung unter ihnen betrieben wurde? So theilte denn auch unser Friedrich Wilhelm diese allgemeine rührige Lust und war bald hier bald dort im eignen Lande, bald wieder in der Fremde, um entweder ein Geschäft in Person abzumachen, womit Bevollmächtigte in sechsfacher Zeit kaum zu Stande gekommen wären, oder um einen der vielen fürstlichen Freunde zu besuchen, die ihm werth und theuer geworden waren und wovon jetzt so manche durch Verwandtschaftsbande mit ihm in Beziehung standen. Um diese Zeit ungefähr nahm der König auch die Gewohnheit an, einen Theil des Sommers alljährlich in Teplitz zuzubringen, dessen Heilquellen jedesmal günstig auf ihn wirkten und dessen schöne und milde Natur dem Innersten seines Wesens so sehr entsprach.

Als Ergänzungen zu dem Monarchen-Congreß von Aachen hatten in Wien und Karlsbad Minister-Congresse stattgefunden. Noch waren deren Beschlüsse nicht in Wirksamkeit getreten, als die Revolutionen in Spanien, Portugal, Neapel, Piemont und Griechenland einen neuen Congreß zu erfordern schienen. Er wurde am 20. October 1820 in

Troppau eröffnet und dann, ohne Zweifel, um mehr in der Nähe der Ereignisse zu sein, nach Laibach verlegt. Der König war in Troppau anwesend, doch unterblieb die anfangs beschlossene Reise nach Laibach. Friedrich Wilhelm trat indessen allen Congreßbeschlüssen bei. Die in Spanien und Portugal fortdauernden Bewegungen machten gegen Ende des Jahres 1822 einen neuen Congreß nothwendig, der nach Verona ausgeschrieben wurde. Auch der König begab sich dorthin und verband damit eine Vergnügungsreise durch Italien. Am 20. September 1822 reiste er von Berlin ab, nachdem er den Kronprinzen zum Stellvertreter während seiner Abwesenheit ernannt hatte, ging über Frankfurt a. M., Darmstadt, Karlsruhe, Strasburg, Freiburg, Neufchatel, Mailand nach Verona, welches er am 15. October betrat. Am 23. begann der König seine Lustreise, besuchte Venedig, kehrte am 28. über Padua nach Verona zurück, ging am 5. November nach Rom, blieb dort acht Tage, kam am 21. November in Neapel an, besichtigte hier bis zum 7. Dezember die Merkwürdigkeiten der Stadt und Umgegend, und traf am 4. Januar 1823 wieder in Potsdam ein.

Der Wohlstand, der während dieser Zeit sowol in der Hauptstadt, als auch in den Provinzen rasch aufgeblüht war, sprach sich auf wohlthuende und würdige Weise durch die Kunst aus. Ebenso jene wie diese wurden mit zahlreichen Denkmälern geschmückt. Unter den vielen mögen nur das alte Museum, die Bauakademie und das Schauspielhaus genannt werden. Alte Denkmäler einheimischer Kunst wurden jetzt eifriger studirt als je und für deren Erhaltung keine Kosten gescheut. So förderte man in Trier die Trümmer der römischen Herrlichkeit zu Tage, so stellte man in Magdeburg und Köln die ehrwürdigen Domkirchen, welche durch die Unbill der Zeiten sehr gelitten hatten, durch großartige Restaurationsarbeiten sicher. Brücken, Festungswerke, Kasernen, Magazine, Regierungs- und Gerichtsgebäude, Schulen, Kirchen und andere Baulichkeiten erhoben sich in erstaunlicher Menge, und zwar nicht blos dem Zwecke entsprechend und zur Nothdurft, sondern auch mit beständiger Rücksicht auf das Gesetz, daß bei gebildeten Völkern selbst das Nothwendige der Idee des Schönen entsprechen soll. — Schöner aber als alle andern Monumente waren diejenigen, welche der gerechte Monarch den Männern weihete, die sich in den Tagen der Gefahr und Entscheidung um ihn und das Reich vorzugsweise verdient gemacht, weil diese Denkmäler ein ewiges Zeugniß von der edlen Gesinnung Friedrich Wilhelms III. ablegen und zugleich für alle Zeiten eine Erinnerung sind, wie gut es für Fürsten und Völker sei, wenn beide sich innig verstehen und einander lieben.

Das Jahr 1823 brachte das königliche Haus in enge Familienverbindung mit dem bayerischen Königshause. Am 29. November wurde nämlich die Vermählung des damaligen Kronprinzen mit der Prinzessin

Elisabeth Ludovike von Bayern vollzogen, eine Ehe, die zu den glücklichsten gehörte.

Als im Jahre 1824 schon zwei der königlichen Töchter das väterliche Haus verlassen und nun auch die dritte sich entschieden hatte, ihrer Bestimmung in die Ferne zu folgen, entschloß sich der König zur Knüpfung eines andern Ehebundes. Längere Zeit vorher schon hatte er die Bekanntschaft der Gräfin Auguste von Harrach gemacht und ihren gebildeten Geist, ihr weiches Gemüth schätzen gelernt. Am 9. November 1824 schloß er mit ihr, welche er nun zur Fürstin von Liegnitz erhob, eine morganatische Ehe.

Ehemals hatten die Fürsten zu ängstlich auf die Erhaltung des Familiengutes und eben deshalb oft zu wenig auf die Sicherung des Stammes gesehen. Der König war ein viel zu zärtlicher Vater, als daß er einem seiner Söhne hätte zumuthen sollen, ehelos zu bleiben. Auch dünkte es ihn Pflicht gegen sein Reich, das Fortbestehen des Hohenzollern-Hauses, das Millionen als die Bürgschaft ihrer Wohlfahrt ansehen, so sicher zu stellen, als dergleichen in menschlicher Macht steht. Die innere Macht und Stärke der Monarchie und der Privatreichthum des Königs machte alle klügelnde Oekonomie überflüssig. Der König gönnte sich daher die Freude, auch seine nachgeborenen Söhne zu vermählen, und zwar seinen dritten Sohn Friedrich Karl Alexander den 26. Mai 1827 mit Marie Luise Alexandrine von Sachsen-Weimar, und seinen zweiten Prinzen unsern jetzigen Kaiser den 11. Juni 1829 mit deren Schwester Maria Luise Augusta Katharina.

So floß nun des Königs Leben im Allgemeinen heiter und ungetrübt dahin, während es sein unablässiges Streben war, das Wohl seiner Unterthanen zu erhöhen. Daher war besonders groß seine Fürsorge für Kirchen und Schulen. In der Politik suchte er fortwährend Frieden zu vermitteln und die gesetzliche Ordnung sicher zu stellen. Die Früchte dieses königlichen Strebens zeigten sich besonders in den Stürmen von 1830. Preußen war rings von ihnen umwogt, und da der König nicht gewillt sein konnte, ihnen nachzugeben, so mußte er die Kräfte seines Volkes in erhöhtem Maße anspannen. Der Revolutionsschwindel, welcher damals halb Europa ergriffen zu haben schien, brach auch in Preußen aus, brachte es aber nur zu einer Carricatur. In Aachen stürmte am 30. August 1830 die von Belgien aus erhitzte Wuth des Pöbels nicht gegen den Staat, sondern gegen ein Fabrikgebäude des großen Industriellen Cockerill, und die aachener Bürger selbst bekämpften und bändigten die Frevler. In Breslau zogen am 27. September desselben Jahres die Handwerksgesellen gegen die Juden zu Felde, aber das Militär machte den Exzessen schnell ein Ende. Einige Tage früher, am 16. September, hatten in Berlin die Schneider revoltirt und veranlaßten an mehreren Abenden ein revolutionäres Schauspiel, das indeß ohne

politischen Charakter war. Bei der entschiedenen Abneigung des besser
unterrichteten preußischen Bürgerstandes gegen die Exzesse der Proletarier
reichte es zur Erhaltung der Ruhe hin, daß der König unterm 1. October
die Bildung bürgerlicher Sicherheitsvereine in den Städten, wo keine
Garnison vorhanden, anordnete.

Die Aussichten in Osten und Westen waren kriegerisch. In den
Händen des Königs von Preußen lag die große Entscheidung. Hätte er
den Handschuh für Holland oder Rußland aufgenommen, so würde ein
blutiger europäischer Krieg, eine furchtbare Katastrophe sich entwickelt
haben. Doch mit Recht wird Friedrich Wilhelm als der große Friedens-
stifter Europas gepriesen. Aber preußische Beobachtungscorps standen
am Rhein, so wie an Polens Grenzen. Hier war Gneisenau Führer,
der indeß schon am 24. August 1831 starb, nachdem York am 4. October 1830 ihm vorangegangen war. Um die allgemeinen Drangsale
noch zu mehren, siedelte auch die Cholera aus Polen nach Preußen über
und verbreitete sich trotz aller Absperrungen fast durch alle Provinzen
des Staates.

Auch in dieser so viel bedrängten und die landesväterliche Sorge
des Königs so sehr in Anspruch nehmenden Zeit wurde ihm vergönnt, ein
schönes Familienfest feiern zu können. Im September 1830 vermählte
er seinen jüngsten Sohn Heinrich Friedrich Albrecht mit Wilhelmine
Friederike Luise Marianne Prinzessin der Niederlande.

Deutschland, das einst zunächst Friedrich Wilhelm seine Befreiung
von fremdem Joche verdankt hatte, sollte ihm jetzt noch mehr des Dankes
schuldig werden. Sein Geist, unterstützt von den Anstrengungen der ein-
sichtigen und arbeitsamen Staatsmänner, die er um sich zu sammeln
immer das Glück und das Talent besessen, fand ein Mittel aus, den
größern Theil der deutschen Nation, ohne irgend eine Unabhängigkeit
der einzelnen Staaten zu beeinträchtigen und deren Institutionen und
Eigenthümlichkeiten zu verletzen, durch ein gemeinsames Band weit stärker
zu vereinigen, als dieses durch eine bloße politische Verbindung hätte geschehen können. Das materielle Interesse der ganzen Bevölkerung vieler
Staaten wurde ein gemeinschaftliches; damit aber auch das geistige. Die
altüberkommene Abneigung der Bewohner des einen Staates gegen die
des andern, die geflissentliche Absonderung und die aus dieser entspringen-
den Vorurtheile gingen allmälig unter. Ein lebendiger geistiger Verkehr
und Austausch gegenseitiger intellectueller Schätze trat ein, und was 1813
das Werk der Noth gewesen war, wurde jetzt dasjenige der klaren Einsicht. Die deutschen Völker lernten sich dem Auslande gegenüber als eine
compacte nationale Masse ansehen. Es bedarf kaum der Erwähnung,
daß hier vom Zollverein die Rede ist.

Preußen gab die Initiative. Es brachte wesentliche Opfer, um das
große Werk zu Stande zu bringen. Darmstadt schloß sich zuerst an

dasselbe an; andere Staaten folgten, bis endlich der süddeutsche Handels-verein, Bayern und Württemberg, zutrat, womit dann das Wesentliche erreicht war. Vervollständigt ist der Verein nachher durch den Zutritt mehrerer kleiner Staaten, bis er endlich alle deutschen Staaten ohne Ausnahme umfaßte; Friedrich Wilhelm III. sollte dies indeß nicht mehr erleben. Der deutsche Zollverein ist der größte und schönste politische Akt im Leben desselben. Eine herrliche weitere Frucht seines Bestrebens, dem allgemeinen Vaterlande eine wohlverstandene gesetzliche, Aller Wohl fördernde Einheit zu schaffen, ist die Münzvereinigung, die auf sein Betreiben zwischen den verschiedenen zum Zollvereine gehörigen Staaten abgeschlossen wurde.

Ein Streit, welcher gegen das Ende des Jahres 1837 zwischen der hohen katholischen Geistlichkeit und der weltlichen Regierung des Staates ausbrach, verursachte dem König vielen Kummer; doch sollte er den Ausgang desselben nicht mehr erleben. Angemerkt sei indeß, daß an seiner Weisheit, an seiner stets am rechten Orte gezeigten Strenge und Nachgiebigkeit die Hoffnungen derer scheiterten, welche schon glaubten, die Sache könne nur mit einem Umsturze der bestehenden Ordnung enden. Ebenso war es dem mit Wohlwollen gepaarten Ernste des Königs gelungen, die Einführung der von ihm gewünschten Kirchenagende in den vereinigten lutherischen und reformirten Kirchengemeinden, sowie die Vereinigung dieser Kirchen, die Union, nach und nach in allen Provinzen durchzusetzen. Nur einzelne — in Schlesien mehr als sonst irgendwo — Gemeinden und deren Seelsorger widerstrebten aus verachtungswerther Unduldsamkeit der heilsamen, so ganz im Geiste des Christenthums vollbrachten Vereinigung und trennten sich als Altlutherische von der vereinigten lutherischen Landeskirche. Absetzung und Festungsarrest der verblendeten und verblendenden Geistlichen, gerichtliche und militärische Mittel halfen wenig, und 1838 wanderten mehrere Hunderte solcher Altlutherischer nach Australien aus, denen im Jahre 1839 andere folgten, indem sie sich nach Amerika begaben. Dagegen wurden von dem Könige die Zillerthaler in Schlesien aufgenommen, welche sich von der katholischen Kirche getrennt hatten und aus dem weniger toleranten Tyrol verwiesen wurden.

Ruhig flossen für den König wie das Land die Jahre dahin. Das Staats- und das Heerwesen waren so ausgebildet, daß der König die Verwaltung ungestört ihrem Gange überlassen konnte, ohne daß im Geringsten eine Erschlaffung der Zügel des Regiments zu befürchten gewesen wäre. Die erwähnten Störungen, die in der letzten Zeit von der Hierarchie der katholischen Kirche und aus dem Sectirerwesen protestantischer Separatisten ausgegangen waren, blieben ohne Einfluß, da das auf Intelligenz begründete Staatsgebäude Preußens Erschütterungen durch dergleichen Vorkommnisse nicht erleiden kann.

Dringende Anlässe zu allgemeinen und die gesammten Interessen berührenden Gesetze verschwanden fast ganz; desto mehr war die Regierung im Stande, auf das Einzelne wohlthätig einzuwirken und ihre Aufmerksamkeit der Ausbildung der bestehenden Institutionen bis in das Kleinste hinab zuzuwenden. Der König selbst fand in dieser Weise das reichste Feld für seine ununterbrochene Thätigkeit. Aufmunternd, belobend, fördernd in mannigfaltigster Art wirkte er still und geräuschlos im Kleinsten wie im Größten bis in die entferntesten Theile der Monarchie hin. Kein Theil derselben entging seiner immer wachen Aufmerksamkeit.

Die ausgezeichneten Tugenden dieses Herrschers, den wir seither in vorstehendem Abriß zu schildern versucht haben, sollten indessen Preußen nicht länger beglücken. Es war der Tag gekommen, wo er von hinnen scheiden mußte. Bereits seit einiger Zeit hatte der König gekränkelt, ohne daß jedoch ernstliche Besorgnisse daraus entstanden wären. Plötzlich aber verbreitete sich Ausgangs Mai 1840 die Nachricht, derselbe sei ernstlich erkrankt, bettlägerig. Der Tag der Krisis nahete schnell. Seit dem 6. Juni Nachmittags hatte Friedrich Wilhelm vor Schwäche nicht mehr sprechen können. In der Nacht zum 7. erwachte er aus unruhigem Schlaf. Als er die Augen aufschlug und den Dr. Grimm vor seinem Bette sah, sagte er (die Sprache war ihm wiedergekehrt): »Sie noch hier? das können Sie ja gar nicht aushalten!« So spiegelte sich sein wohlwollendes Gemüth noch in seinem letzten Augenblick ab.

Am 7. Juni traf der Kaiser von Rußland in Berlin ein. Er eilte an das Bett des sterbendes Freundes, wurde aber erst in der Mittagsstunde vom König erkannt. Ueber ihn hingebeugt fragte der Selbstherrscher aller Reußen: »Comment cela va-t-il?« Mit matter Stimme jedoch verständlich antwortete der König: »Cela va mal«. Kein Wort ging weiter aus seinem Munde. Es war ein Zustand des Halbschlummers eingetreten, der ihm jedes Schmerzgefühl benahm. Während dieser Zeit waren die meisten Mitglieder der königlichen Familie zum Gottesdienste versammelt, um sich durch die Tröstungen der Religion aufzurichten. Vor dem Augenblick des Scheidens waren der Kaiser Nikolaus und seine Gemahlin, der Prinz Wilhelm unser jetziger Kaiser, die Prinzessin Luise der Niederlande, die Aerzte und ein geheimer Kämmerer zugegen. Als die Athemzüge Friedrich Wilhelms schwächer und schwächer wurden und das Leben im Begriff war zu entfliehen, öffnete auf einen Wink des Arztes der Kämmerer die Thür. Die ganze königliche Familie trat ein. Fromm, wie es Sitte im Hause der Hohenzollern ist und von dem erhabenen Moment ergriffen, sanken Alle in stummem Gebete auf die Knie nieder vor dem Herrn des Lebens und des Todes, während der Sterbende die eine Hand dem Kronprinzen, die andere der Fürstin von Liegnitz reichte. So sanft verhauchte der edle Monarch seinen Geist, daß erst die Andeutung der Aerzte verkündete, er sei bereits einer bessern Welt angehörig. Der Kronprinz drückte des Vaters Augen zu. Es war 3½ Uhr nachmittags am 7. Juni 1840, als die Seele dieses Gerechten hinweggenommen wurde.

In der Nacht vom 8. zum 9. wurde die Leiche nach dem Schlosse gebracht. Friedrich Wilhelm IV. und der Prinz von Preußen folgten dem Sarge, an dem sie eine Zeitlang sinnend verweilten. Am 10. Juni wurde mit allen bei solchen Ereignissen üblichen Ceremonien der Paradesarg des Königs zur öffentlichen Schau im Thronsaale des Schlosses ausgestellt. Die Leiche selbst war nach letztwilliger Verfügung nicht zu sehen. Am 11. fand die feierliche Beisetzung im Dome statt, die erlauchten Fürsten des Hauses, die Verwandten und befreundeten Gäste standen um den Sarg. Aller Glanz der traurigen Feierlichkeit zog die Aufmerksamkeit der Zuschauer nicht so sehr auf sich, als die unverkennbare Rührung der Prinzen. Sie theilte sich allen mit und manche heiße Thräne rann dem Andenken des Verewigten. In stillem Zuge wurden die theuren Ueberreste darauf in der Nacht nach Charlottenburg gebracht. Im dortigen Mausoleum ruht Friedrich Wilhelms Asche neben der seiner unvergeßlichen Gemahlin der Königin Luise.

Friedrich Wilhelm war ein Fürst mit großen Eigenschaften als Regent und mit noch größeren als Mensch ausgestattet. Das Gebieterische und Herrische in seinem Wesen, dem auch seine kurze lakonische Ausdrucksweise, die das persönliche Fürwort zu vermeiden liebte, entsprach, den persönlichen Muth und das Soldatische hatte er von seinen Vorfahren ererbt, aber durch eine strengere Leidensschule als diese gebildet wurden jene Eigenheiten seines Charakters durch Herzensgüte, Leutseligkeit, Zartsinn, Großmuth, Heiterkeit, Wahrhaftigkeit und strenge Gerechtigkeitsliebe gemildert. Er besaß einen durchdringenden praktischen Blick, ein gesundes, richtiges und treffendes Urtheil, das nicht nur Produkt seines Verstandes, sondern immer zugleich seines reinen Taktes war, natürlichen Scharfsinn, der das Gleichartige zu ordnen und das Fremdartige zu sondern wußte, wie ihm denn alle Konfusion und Diffusion in der Seele zuwider war. Sein Witz war zwar nicht blendend, obwol oft treffend, aber auch nicht verwundend; reich und eminent hervortretend sein Gedächtniß und Erinnerungsvermögen. Alles was er sah, las und hörte, behielt er, sobald es Interesse für ihn hatte; selbst Zahlen und Namen wußte er auf das Genaueste sogleich anzugeben, wenn sich daran eine interessante sachliche oder persönliche Erinnerung knüpfte; so kannte er die größere Zahl seiner Gardisten, Offiziere und Gemeine beim Namen, mit dem er sie dann, vorbeigehend und sie ansehend, grüßte. Ein durchaus praktischer Kopf haßte er alles Phantastische, alle Extreme, wie alle Exzentrizitäten und stand überall fest in der Mitte, Alles gehörig und ruhig repartirend. Auch die Philosophie als Wissenschaft liebte und kultivirte er nicht; doch berief er Fichte, der des Atheismus angeklagt von Jena vertrieben worden war, nach Berlin (f. S. 13), und Kant, den er in Königsberg persönlich kennen gelernt, nannte er einen starken Geist in einem schwachen Körper. Friedrich Wilhelm war von hoher königlicher Gestalt; alle Theile seines Körpers waren proportionirt und bildeten ein schönes Ganzes; seine Haltung war gerade und militärisch, aber leicht, natürlich und graziös. Seine hohe gewölbte Stirn bezeichnete denkende Klarheit, seine starke gefüllte Unterlippe Festigkeit; in seinem dunkelblauen Auge lag Geist und Güte. Seine Kleidung war einfach; ein schlichter Leibrock von blauer Farbe, ohne Tressen und immer angeschlossen, fest zugeknöpft, seine gewöhnliche Bekleidung. Eben so einfach, obwol heiter und geschmackvoll war seine Wohnung. Sein Bett bestand aus einer harten Matratze und einer leichten Decke.

Am Tage nach dem Tode des Königs wurde sein Testament, welches aus dem Jahre 1827 herrührte, in dem engern Kreise der Erben eröffnet. Diejenigen Bestimmungen desselben, welche die Geldvermächtnisse betrafen, wurden nur in demselben verlesen. Friedrich Wilhelms III. Privatvermögen schätzte man auf 13—40 Millionen Thaler. Es war, mit Ausschluß des Königs Friedrich Wilhelm IV. und der Kaiserin von Rußland, den übrigen fünf Kindern allein vermacht.

Was von jenem Testamente in einem Vorzimmer des Schlosses mehreren hohen Beamten, Militärpersonen u. f. w. vorgelesen ward, machte auf die Zuhörer eine ergreifende Wirkung. Die wichtigsten Paragraphen desselben bildeten unstreitig die Worte, die der König an den Thronfolger richtete. Die unermeßliche Wichtigkeit des hohen Berufes ist darin in ihrem ganzen Umfange niedergelegt. Zwei Grundprinzipien für die Regierung, eins für die äußere, eins für die innere Politik empfiehlt der König seinem Nachfolger ganz besonders: zuerst das eifrige Bestreben, den europäischen Frieden aufrecht erhalten zu helfen, und sodann als wirksamstes Mittel dazu die fortdauernde Innigkeit des Bündnisses zwischen Oesterreich, Rußland und Preußen.

Was eine königliche Kabinetsordre an das Staatsministerium vom 17. Juni 1840 in Bezug auf jenes Testament enthält, verdient hier eine Stelle. »Ich befehle, schreibt Friedrich Wilhelm IV., zwei kostbare Dokumente der Oeffentlichkeit zu übergeben, welche mir nach dem Willen meines in Gott ruhenden königlichen Vaters und Herrn am Tage seines Heimganges eingehändigt worden, wovon das eine bezeichnet ist »Mein letzter Wille«, das andere »Auf dich, Meinen lieben Fritz« u. f. w. anfängt, und welche beide von seiner eigenen Hand geschrieben und vom 1. Dezember 1827 datirt sind. Der Heldenkönig aus unserer großen Zeit ist geschieden und zu seiner Ruhe an der Seite der Heißbeweinten und Unvergeßlichen eingegangen. Ich bitte Gott, den Lenker der Herzen, daß er die Liebe des Volkes, die Friedrich Wilhelm III. in den Tagen der Gefahr getragen, ihm sein Alter erheitert und die Bitterkeit des Todes versüßt hat, auf mich, seinen Sohn und Nachfolger, übergehen lasse, der ich mit Gott entschlossen bin, in den Wegen des Vaters zu wandeln. Mein Volk bete mit mir um Erhaltung des segensreichen Friedens, des theuern Kleinods, das er uns im Schweiße seines Angesichts errungen und mit treuen Vaterhänden gepflegt hat. Das weiß ich, sollte dieses Kleinod je gefährdet werden, was Gott verhüte, so erhebt sich mein Volk wie Ein Mann auf meinen Ruf, wie sein Volk sich auf seinen Ruf erhob. Solch Volk ist es werth und fähig, königliche Worte zu vernehmen, wie die, welche hier folgen, und wird einsehen, daß ich den Anfang meines Regimentes durch keinen schönern Act als die Veröffentlichung derselben bezeichnen kann.«

Mein letzter Wille.

Meine Zeit mit Unruhe, Meine Hoffnung in Gott!
An Deinem Segen, Herr, ist alles gelegen!
Verleihe Mir ihn auch jetzt zu diesem Geschäfte.

Wenn dieser Mein letzter Wille Meinen innigst geliebten Kindern, Meiner theuren Auguste und übrigen lieben Angehörigen zu Gesicht kommen wird, bin Ich nicht mehr unter ihnen und gehöre zu den Abgeschiedenen. Mögen sie dann bei dem Anblick der ihnen wohlbekannten Inschrift: — »Gedenke der Abgeschiedenen!« — auch Meiner liebevoll gedenken!

Gott wolle Mir ein barmherziger und gnädiger Richter sein und Meinen Geist aufnehmen, den Ich in seine Hände befehle. Ja, Vater, in Deine Hände befehle Ich Meinen Geist! In einem Jenseits wirst Du Uns alle wieder vereinen, möchtest Du Uns dessen, in Deiner Gnade, würdig finden, um Christi Deines lieben Sohnes Unseres Heilandes willen, Amen!

Schwere und harte Prüfungen habe Ich nach Gottes weisem Rathschluß zu bestehen gehabt, sowol in Meinen persönlichen Verhältnissen (insbesondere, als Er Mir vor siebenzehn Jahren das entriß, was Mir das Liebste und Theuerste war) als durch die Ereignisse, die Mein geliebtes Vaterland so schwer trafen. Dagegen aber hat Mich Gott: ewiger Dank sey Ihm dafür: auch herrliche, frohe und wohlthuende Ereignisse erleben lassen. Unter die ersten rechne Ich vor allen die glorreich beendeten Kämpfe in den Jahren 1813, 14 und 15, denen das Vaterland seine Restauration verdankt. Unter die letzteren, die frohen und wohlthuenden, aber rechne Ich insbesondere die herzliche Liebe und Anhänglichkeit und das Wohlgelingen Meiner geliebten Kinder: so wie die besondere unerwartete Schickung Gottes, Mir noch in Meinem fünften

Dezennium eine Lebensgefährtin zugeführt zu haben, die Ich als ein Muster treuer und zärtlicher Anhänglichkeit öffentlich anzuerkennen Mich für verpflichtet halte.

Meinen wahren, aufrichtigen, letzten Dank Allen, die dem Staate und Mir mit Einsicht und Treue gedient haben.

Meinen wahren, aufrichtigen und letzten Dank Allen, die mit Liebe, Treue und durch ihre persönliche Anhänglichkeit Mir ergeben waren.

Ich vergebe allen Meinen Feinden: auch denen, die durch hämische Reden, Schriften oder durch absichtlich verunstaltete Darstellungen das Vertrauen Meines Volkes, Meines größten Schatzes (doch Gottlob nur selten mit Erfolg), Mir zu entziehen bestrebt gewesen sind.

Berlin, den 1. Dezember 1827.

Friedrich Wilhelm.

Auf Dich, Meinen lieben Fritz, geht die Bürde der Regierungs-Geschäfte mit der ganzen Schwere ihrer Verantwortlichkeit über. Durch die Stellung, die Ich Dir in Beziehung auf diese angewiesen hatte, bist Du mehr als mancher anderer Thronfolger darauf vorbereitet worden. An Dir ist es nun, Meine gerechten Hoffnungen und die Erwartungen des Vaterlandes zu erfüllen — wenigstens darnach zu streben. Deine Grundsätze sind Mir Bürge, daß Du ein Vater Deiner Unterthanen sein wirst.

Hüte Dich jedoch vor der so allgemein um sich greifenden Neuerungssucht, hüte Dich vor unpraktischen Theorien, deren so unzählige jetzt im Umschwunge sind, hüte Dich aber zugleich vor einer fast eben so schädlichen, zu weit getriebenen Vorliebe für das Alte, denn nur dann, wenn Du diese beiden Klippen zu vermeiden verstehst, nur dann sind wahrhaft nützliche Verbesserungen gerathen.

Die Armee ist jetzt in einem seltenen guten Zustande; sie hat seit ihrer Reorganisation Meine Erwartungen wie im Kriege so auch im Frieden erfüllt. Möge sie stets ihre hohe Bestimmung vor Augen haben, möge aber auch das Vaterland nimmer vergessen, was es ihr schuldig ist.

Verabsäume nicht, die Eintracht unter den europäischen Mächten, soviel in Deinen Kräften, zu befördern; vor allen aber mögen Preußen, Rußland und Oesterreich sich nie von einander trennen; ihr Zusammenhalten ist als der Schlußstein der großen europäischen Allianz zu betrachten.

Meine innig geliebten Kinder berechtigen Mich alle zu der Erwartung, daß ihr stetes Streben dahin gerichtet sein wird, sich durch einen nützlichen, thätigen, sittlich reinen und gottesfürchtigen Wandel auszuzeichnen; denn nur dieser bringt Segen, und noch in Meinen letzten Stunden soll dieser Gedanke Mir Trost gewähren.

Gott behüte und beschütze das theure Vaterland!

Gott behüte und beschütze unser Haus, jetzt und immerdar!

Er segne Dich, Mein lieber Sohn und Deine Regierung und verleihe Dir Kraft und Einsicht dazu, und gebe Dir gewissenhafte, treue Räthe und Diener und gehorsame Unterthanen. Amen!

Berlin, den 1. Dezember 1827.

Friedrich Wilhelm.

Friedrich Wilhelm III., dessen Geburtstag stets ein Volksfest war in dem schönern Sinne des Wortes, in welchem das, was seinem Herrscher Frohes begegnet, von dem Volke freudig mitempfunden wird, so wie alles Leid, welches ihn trifft, seinen Nachklang findet in dem schmerzlichen Mitgefühl desselben, lebt heute noch im frischen Andenken des Volkes fort. An verschiedenen Orten des Staates hat man indeß es unternommen, dieses Bewußtsein durch Errichtung von Standbildern des Königs in erhöhterem Maaße auch der Nachwelt zu überliefern. Potsdam war die erste unter den Städten des Vaterlandes, welche den Unvergeßlichen in Erz bei sich aufrichtete. Die dort auf dem Wilhelmsplatz befindliche acht Fuß hohe Statue stellt den König im jüngern kräftigen Lebensalter zu Fuß, in Uniform und Mantel, ohne Kopfbedeckung dar, ist vom Professor August Kiß angefertigt und wurde am 3. August 1845 enthüllt. — Es folgte zunächst Berlin, dessen »dankbare Bewohner« 1849 Friedrich Wilhelm III. im Thiergarten ein bescheidenes Denkmal gründeten, bei welchem in dem einfachen Gewande, in dem der Herrscher mitten unter seinen Unterthanen umherzugehen pflegte, um in dem ruhigen Genusse der Natur die Sorgen und Arbeiten des Tages zu vergessen, der König an dem beliebtesten Vergnügungsorte verweilt in der Nähe der Stelle, welche dem Andenken seiner Gemahlin geweiht ist, gleichsam von der Höhe herab sich das Jugend- und Volksleben betrachtend, dessen Spiel und Zeitvertreibe meisterhaft am Sockel des Fußgestells nachgeahmt sind. Drake's Meißel war der Schöpfer dieses trefflichen Kunstwerkes. In dem gleichen Jahre lieferte derselbe Künstler ein Marmorbild des Königs, welches »von der dankbaren Stadt« Stettin aufgerichtet wurde. — Die Stadt Königsberg schmückte im Jahre 1851 ihren Königsgarten neben dem Theater mit einem $15\frac{1}{2}$ Fuß hohen bronzirten Reiterstandbilde Friedrich Wilhelms III., welches von Kiß ausgeführt auf einem 20 Fuß hohen Sockel ruht. — Die Festung Kolberg sah ungefähr zehn Jahre später in ihren Mauern des Königs Marmorbild, im Krönungsornate von Drake dargestellt, sich erheben. — Das Jahr 1861 brachte der Stadt Breslau die Vollendung einer ehernen Reiterstatue desselben Monarchen, welche aus der Kiß'schen Werkstatt hervorgegangen auf der Südseite des Ringes in Gegenwart Königs Wilhelm I. feierlichst enthüllt wurde. — Mit einer großartigen Reiterstatue Friedrich Wilhelms III. für die Stadt Köln ist derzeit Professor Bläser beschäftigt. — An Großartigkeit überragt indeß alle das eherne Standbild, dessen Uebergabe an die Oeffentlichkeit heute im Anschluß an den feierlichen Einzug unserer Heldensöhne bevorsteht.

Am 17. März 1863 fand die Grundsteinlegung zu diesem Friedrich-Wilhelms-Denkmal statt und damit zugleich in würdigster Weise die Feier der Erinnerung an eine in der Geschichte Preußens für immer denkwürdige und ruhmvolle Zeit. Durch den königlichen Erlaß vom 3. Dezember 1862 war von Sr. Majestät dem Könige Wilhelm für diese Feier der 17. März bestimmt worden, weil dieser Tag, an welchem König Friedrich Wilhelm III. durch den Aufruf »An mein Volk« die thatfreudige Begeisterung der Nation entfesselte (s. o. S. 40), geschichtlich den Beginn des Heldenkampfes zur Befreiung des Vaterlandes bezeichnet. Mit besonderm Glanze tritt aus dem ganzen Abschnitt jener preußischen Ruhmeszeit der 17. März als ein Wahrzeichen der mit dem höchsten Erfolge gekrönten Eintracht zwischen Fürst und Volk hervor, und die Feier dieses Tages mußte vorzugsweise geeignet erscheinen, zugleich der begeisterten Dankbarkeit für den tapfern und gerechten König und der freudigen Anerkennung für die Mitvollbringer seines Werkes einen nationalen Ausdruck zu geben. Die erhebende Feier sollte daher durch die Weihe des Denkmals eröffnet werden, welches die dankbare Erinnerung der Nation an König Friedrich Wilhelm III. zu verewigen bestimmt ist.

Schon König Friedrich Wilhelm IV. hatte die Absicht gehegt, seinem Vater ein Reiterstandbild in Berlin zu errichten und beauftragte Rauch mit der weitern Ausbildung dieses Planes, sowie mit der Anfertigung von Entwürfen. Diese in Gips ausgeführten aber unvollständig gebliebenen Entwürfe, welche den König Friedrich Wilhelm III. zu Pferde auf einem mit Figuren reich ausgeschmückten Piedestal darstellen, befinden sich gegenwärtig in dem Rauch-Museum. Unser jetziger König und Kaiser trat im Jahre 1858 dem Plane näher und ordnete die Bildung einer Kommission an, welche zu Anfang des Jahres 1859 zusammentrat. Dieselbe bestand unter dem Vorsitz des Fürsten von Hohenzollern-Sigmaringen aus dem Staatsminister a. D. Grafen Arnim-Boytzenburg, den Staatsministern v. Auerswald und v. Bethmann-Hollweg, dem General-Director der Königl. Museen v. Olfers, dem Geh. Ober-Baurath Stüler, dem Director Dr. v. Cornelius, dem Geh. Reg.-Rath Pinder, den Professoren v. Ranke und Daege, und wurde 1862 durch den Staatsminister v. Mühler als Stellvertreter des Vorsitzenden und durch den Staatsminister a. D. Freiherrn v. Patow erweitert. Zu den Kosten wurden vom Landtage der Monarchie seit 1859 mehrere Raten bewilligt. Nach Berathungen in der Kommission über

den Ort und die Gestaltung des Denkmals wurde der Platz im Lustgarten von des Königs Majestät dazu bestimmt und nach einem aufgestellten Programm, in welchem den Künstlern für die Darstellungen
am Piedestal vollkommen Freiheit gelassen war, eine Konkurrenz ausgeschrieben, an welcher sich zwölf Künstler betheiligten. Ihre Skizzen
wurden auf der Kunstausstellung des Jahres 1860 der öffentlichen Be-
urtheilung unterworfen. Demnächst wurde der Professor Albert Wolff,
einer der genialsten Schüler Rauchs, dessen Skizze vorzüglich gefallen
hatte, mit einem neuen Entwurf beauftragt, welcher schließlich die Aller-
höchste Genehmigung erhielt.

Die Feier der Grundsteinlegung fand genau nach der Allerhöchstem
Befehle gemäß aufgestellten Festordnung statt. Die in den Grundstein
gelegte Urkunde über die Errichtung des Denkmals, welche auf Befehl
Sr. Majestät vom Minister der geistlichen u. s. w. Angelegenheiten
Herrn v. Mühler verlesen wurde, lautet also:

Wir Wilhelm, von Gottes Gnaden König von Preußen,
Markgraf zu Brandenburg, souverainer und oberster Herzog
von Schlesien, wie auch der Grafschaft Glatz, Großherzog vom
Niederrhein und von Posen, Herzog zu Sachsen, Engern und
Westphalen, in Geldern, zu Magdeburg, Cleve, Jülich, Berg,
Stettin, Pommern, der Cassuben und Wenden, zu Mecklen-
burg und Crossen, Burggraf zu Nürnberg, Landgraf zu Thü-
ringen, Markgraf der Ober- und Nieder-Lausitz, Prinz von
Oranien, Neuenburg und Valendis, Fürst zu Rügen, Paderborn,
Halberstadt, Münster, Minden, Camin, Wenden, Schwerin,
Ratzeburg, Moers, Eichsfeld und Erfurt, Graf zu Hohenzollern,
gefürsteter Graf zu Henneberg, Graf zu Ruppin, der Mark, zu
Ravensberg, Hohenstein, Tecklenburg, Schwerin, Lingen, Sig-
maringen und Veringen, Pyrmont, Herr der Lande Rostock,
Stargard, Lauenburg, Bütow, zu Haigerloch und Werstein,

thun hierdurch kund und fügen zu wissen, daß Wir beschlossen
haben, Unserm in Gott ruhenden Herrn Vater, des Königs
Friedrich Wilhelm III. Majestät, in Unserer Haupt- und Residenz-Stadt Berlin ein Reiterstandbild in Erz zu errichten.

Wir führen damit aus, was schon Unseres vielgeliebten
Bruders und Vorgängers in der Krone, des weiland Königs
Friedrich Wilhelm IV. Majestät, Absicht und Wunsch war, und
danken Gott, daß es Uns vergönnt ist, den unvergeßlichen Vater
zu ehren, der mit Unserer verklärten Mutter heute segnend auf
Uns und Unser Haus, auf Unser Land und Volk herabblickt.

Wir legen den Grundstein zu des Königs Denkmal heute
am 17. März im Jahre des Heils 1863, als an dem Tage,

wo Friedrich Wilhelm vor 50 Jahren Sein Volk »zum letzten entscheidenden Kampf für sein Dasein und seine Unabhängigkeit« in die Waffen rief. Es ziemt sich dieser Tag, um in dem heimgegangenen Heldenkönig auch Sein Volk zu ehren, das von Ihm neben dem stehenden Heer in Landwehr und Landsturm organisirt, sich wie Ein Mann erhob und mit seinem Blute den Wahlspruch besiegelte, den ihm sein König gegeben: »Mit Gott für König und Vaterland!« Gott hat Unseres Königlichen Vaters und Seines Volkes Heldenkampf mit Sieg und Frieden gekrönt. Preußen und mit ihm Deutschland wurden frei von schmachvoller Abhängigkeit und auf dem festen Fundament dieser selbsterrungenen Unabhängigkeit, getragen von der einmüthigen Liebe und dem Vertrauen Seines Volkes, war Friedrich Wilhelm in den Ihm dann noch beschiedenen langen Friedensjahren ein Vater Seines Landes. Schon in den Zeiten der schwersten Bedrängniß hatte Er, unterstützt von der Weisheit treuer Räthe, die noch gebundenen Kräfte in der Nation frei zu machen und zum selbstbewußten und selbstständigen Dienst für gemeinsame Zwecke des Vaterlandes heranzubilden und zu beleben gewußt. Jetzt wurden, nachdem der Bauernstand von der Erbunterthänigkeit frei gemacht, durch die Städte-Ordnung der Bürgerstand zur Selbstverwaltung seines Gemeinwesens berufen war, und in dem Kriege das Volk in Waffen die allgemeine Wehrpflicht als seine Ehre anerkannt hatte, die gesammte Administration des Staates, die Heeres-Verfassung, die Abgaben- und Steuer-Verhältnisse mit dem dem Könige eigenen einfachen und praktischen Sinn neu und besser gestaltet. Unter der gemeinsamen großen Gesetzgebung lernten sich die Stämme der alten, der wieder- und der neu eroberten Provinzen als lebendige Glieder Eines Reiches und Regiments kennen und fühlen, und sahen doch ihre berechtigten landschaftlichen Besonderheiten durch die neu verliehenen provinzialständischen Verfassungen gewahrt und berücksichtigt, der Zeit entgegenwartend, wo nach des Königs Absicht auch eine Gesammt-Verfassung des Staates eine gesegnete Wirklichkeit werden könnte. Weise Sparsamkeit seitens des Königs, intelligentes Schaffen des Volkes in Ackerbau, Gewerbe und Handel ließen bald die Wunden, die der Krieg dem Wohlstand des Landes geschlagen, vergessen; neue Quellen des Erwerbs und des Absatzes wurden eröffnet: der Zollverein, des Königs eigenster Gedanke, krönte Seine Bestrebungen für die materielle Wohlfahrt des Volkes und war die Freude und Ehre des Königs, der Sich als deutscher Fürst stolz fühlte und Seines Volkes Beruf für Deutschland nicht aus dem Auge ließ.

Er wußte, daß des Volkes ganzer Beruf nur auf der Grundlage wahrer Gottesfurcht und Frömmigkeit und umfassender ächter Bildung erfüllt werden konnte. Friedrich Wilhelm, dessen Zeit mit Unruhe, dessen Hoffnung in Gott war, gab Gott die Ehre in Seiner Ehrfurcht und Seiner Liebe für die Kirche. Für die evangelische Kirche war Seines Herzens Wunsch Einigkeit und Liebe auf dem Grunde des Wortes Gottes und des Bekenntnisses der Väter. Die nachkommenden Geschlechter werden Ihm noch danken für den Grund, den Er zur wahren Union gelegt. Die katholische Kirche Seines Landes fundirte Er fest in ihrem Bestande. Unter Seiner Regierung wurde es erstrebt und zum großen Theil erreicht, daß Keinem im Volk die Gelegenheit zur nothwendigsten Bildung fehlte; in der Zeit der tiefsten Noth des Vaterlandes gründete Er in der Universität zu Berlin eine Pflanzstätte deutscher Wissenschaft und in den ersten Jahren des Friedens eine gleiche an der westlichen Grenze des gemeinschaftlichen Vaterlandes. Die Kunst verdankt Ihm großartige Denkmäler, reiche Sammlungen, treffliche Schulen.

Friedrich Wilhelm regierte ein wehrhaftes, treues und glückliches Volk.

Heute legen Wir, in Gemeinschaft mit der Königin Unserer Gemahlin, umgeben von Unsern Brüdern und Schwestern und Unserem reich gesegneten Königlichen Hause, umgeben von den aus dem ganzen Lande zur Feier Seines Gedächtnisses herbeigeeilten Rittern des eisernen Kreuzes und anderen Waffengefährten des Heldenkönigs, die von Ihm geführt, mit Ihm die heißen Schlachten zur Befreiung des Vaterlandes geschlagen, umgeben von den Räthen Unserer Krone, von den Vertretern Unseres Volkes und Heeres, in tiefem Dank für die große Vergangenheit und im festen Wollen und in gewisser freudiger Zuversicht für die Zukunft Unseres Vaterlandes den ersten Stein zu dem Standbild des edlen Königs, welches gerichtet gegen das Schloß Seiner Ahnen, dereinst umgeben von den Bildsäulen Seiner treuesten Diener, in Unserer Haupt- und Residenz-Stadt auf alle Zeiten dastehen soll als ein Denkmal Unserer Liebe und Verehrung, dem Volke geweiht zur Erinnerung und zur Mahnung, wie Gott Großes gethan durch Unseres in Ihm ruhenden Vaters Majestät und wie das Haus der Hohenzollern feststehen wird zu Seinem Volk, Sein Volk zu Ihm.

Gegenwärtige Urkunde haben Wir in zwei gleichlautenden Ausfertigungen mit Unserer Allerhöchsteigenhändigen Namens-Unterschrift vollzogen und mit Unserem größeren Königlichen Insiegel versehen lassen und befehlen Wir, die eine in den Grundstein des Denkmals niederzulegen, die andere in Unserem Staatsarchive aufzubewahren.

Gegeben in Unserer Haupt- und Residenzstadt Berlin am siebenzehnten März des Jahres Eintausend achthundert drei und sechszig.

(L. S.) (gez.) **Wilhelm.**

Die Urkunde wurde in eine silberne Kapsel gelegt; mit ihr noch folgende Gegenstände: 1) Aufruf »An mein Volk« im Originaldruck; 2) Aufruf »An mein Heer«, desgleichen; 3) Verordnung über die Organisation der Landwehr, desgleichen; 4) Urkunde über die Stiftung des eisernen Kreuzes, desgleichen; 5) Ein Großkreuz des eisernen Kreuzes und ein eisernes Kreuz erster und zweiter Klasse; 6) Ein Luisenorden; 7) Kriegsdenkmünzen von 1813, 1813/14, 1814, 1815; 8) Ein Landwehrkreuz; 9) Zwei Helmadler der jetzigen Armee (Garde und Linie); 10) Medaillen auf Vermählung, Regierungsantritt, Huldigung und Tod des Königs Friedrich Wilhelm III.; 11) Eine Huldigungsmedaille auf König Fr. Wilh. IV.; 12) Eine Krönungsmedaille auf 1861; 13) Eine desgleichen am Bande; 14) Münzen von 1863; 15) Medaille auf die Feier des 17. März 1863; 16) Das Verzeichniß aller noch überlebenden Ritter des eisernen Kreuzes; 17) Der Text der für die Festmahle des 17. März bestimmten Festreden und Lieder. Während der Hammerschläge wurden 101 Kanonenschüsse gelöst, die Truppen machten die Honneurs und die Musikchöre bliesen: »Heil Dir im Siegerkranz«.

Was nun dieses Wolffsche Kolossalmonument selbst betrifft, so stellt es die Reitergestalt des Monarchen mit Federhut, Generalsuniform und wehendem Feldmantel bekleidet auf ruhig schreitendem Pferde, die Rechte (ähnlich der Statue Marc Aurels) segnend über das Land ausstreckend dar. Die Figur ist dem königlichen Schlosse zugekehrt. Die Statue des Königs ist 19 Fuß hoch, das jetzige provisorische Piedestal 13 Fuß, während das spätere dieses ersetzende eine Höhe von 21 Fuß erreichen wird. Der gesammte Bau ruht auf einem 6 Stufen haltenden Podium von 3 Fuß Höhe. Die Statue ist in der gräflich v. Einsiedel'schen Gießerei zu Lauchhammer, welches Werk unter der ausgezeichneten Direction des Herrn v. Manteuffel steht, von Laube gegossen und von J. Rudholzner ciselirt. Bis zum Jahre 1873 soll nach Befehl Sr. Majestät des Königs auch das reiche Piedestal völlig fertiggestellt sein.

Das Denkmal wird in allen seinen Theilen aus Bronze hergestellt. Die vordere dem königl. Schlosse zugewendete Seite des Sockels trägt in erhabener Schrift die einfache Widmung: »Dem König Friedrich Wilhelm III. König Wilhelm 1870.« Die auf derselben Seite befindliche Muse der Geschichte, deren Oberkörper völlig enthüllt ist, stützt sich mit dem einen Knie auf den Panzer einer Trophäengruppe und mit dem linken Arm an die Wandfläche, während ihre Rechte mit dem Griffel in jene die Worte: »Friedrich Wilhelm dem Gerechten« eingräbt. Rechts über dem Panzer erblickt man die Inschrift: Leipzig, Paris sammt französischem Helm und Schwert, während zur Linken am Boden ein gestürzter gallischer Adler neben der Inschrift: Belle Alliance ruht.

Auf der östlichen Langseite — dem Dom gegenüber — wird die großartige Erhebung des preußischen Volkes im Jahre 1813 symbolisch dargestellt. Eine kolossale Borussia, welche der Athene ähnlich sich inmitten des Sockels erhebt und mit reichem Kriegsgewande sowie wappengesäumtem Mantel bekleidet ist, schwingt, einen Lorberkranz um den Helm gewunden, in der Rechten das Schwert und trägt hoch erhoben in der Linken eine Adlerstange, die ein kranzumgebenes Landwehrkreuz schmückt. Ihr Fuß tritt auf zerbrochene Fesseln. Sinnig erscheint die Inschrift, welche aus dem 119. Psalm gezogen: »Sie haben mich oft bedränget von Jugend auf, aber sie haben mich nicht übermocht.«

An der rechten Seitenecke sitzt auf dem weitvorspringenden Ecksockel die bärtige mit Rebenlaub reich bekränzte, markige Gestalt des Rheins mit nacktem Oberkörper und heiterm Antlitz, das rechte Bein über das linke Knie geschlagen, den linken Arm auf eine strömende Urne gestützt; darüber erhebt sich ein stolzer Adler, der eben seine gewaltigen Schwingen zum Fluge rüstet. Die linke Seitenecke ziert ein sitzendes junges kräftiges Weib in ländlicher Tracht, welches zur Borussia aufschaut: es ist das Symbol des äußersten preußischen Grenzflusses, der Memel.

Die westliche Langseite — dem Zeughause gegenüber — ist für die symbolische Darstellung der Friedensperiode, Gesetzgebung und Kulturentwickelung bestimmt, welche Preußen unter Friedrich Wilhelms III. Regierung erlebte. Eine königliche Frau von idealer Schönheit, das Haupt mit dem Diadem geziert, umwallt von einem Hermelinmantel, das Szepter in der Rechten, die Linke auf den Rand eines hohen zur Seite stehenden Schildes gelehnt, nimmt die Mitte dieser Seite ein: sie ist das Sinnbild der königlichen Weisheit im Frieden. Auf dem Schilde liest man in kurzen Worten die Friedensthaten, welche Friedrich Wilhelms Namen für alle Zeiten unsterblich gemacht haben: »Aufhebung der Erbunterthänigkeit, Beschränkung des Zunftzwanges, Gründung der Universität Berlin, Allgemeine Kriegspflicht, Zollverein, Union, Autorrecht.« Daneben erscheint die Inschrift: »Gerechtigkeit erhöhet ein Volk.« Die rechte Ecke dieser Langseite wird von einer vorspringenden Gruppe eingenommen, welche die Gewerbe und die Kunst darstellen. Erstere treten in der Gestalt eines kräftigen sitzenden Arbeiters auf, dessen schwielige Hand auf dem Stiele eines schweren Hammers ruht, während die Kunst durch einen schönen nackten geflügelten Jüngling repräsentirt wird, der seinen rechten

Arm auf die Schulter des Arbeiters lehnt, neben welchem er in ungezwungener edler Stellung seinen Platz einnimmt. Als Attribute der Kunst und der Industrie ruhen zu ihren Füßen Hammer, Palette, Zahnrad und ein Säulenkapital.

Die dem Museum zugekehrte Schmalseite des Piedestals ist der Symbolisirung des religiösen und toleranten Sinnes Friedrich Wilhelms vorbehalten, wodurch er die Versöhnung der kirchlichen Gegensätze im Glauben und der Liebe förderte. Auf einem Sockel mit der schönen Inschrift: »Friede auf Erden« erhebt sich die milde Gestalt der Religion, welche die Palme des Friedens, die sie in der Rechten trägt, über den Kelch in ihrer Linken deckt.

Der Lustgarten wird nach einem von Sr. Majestät dem Könige genehmigten Plane des Hofbaurathes Strack ganz umgewandelt, so daß man in der Diagonale von dem Schlosse zur Friedrichsbrücke gelangt. Die Rasenpartien sollen durch hohes Buschwerk ersetzt werden, und statt des einen Springbrunnens zwei die Umgebung des Königsdenkmals bilden.

Mögen die fernsten Geschlechter, wenn sie zu diesem Denkmal emporschauen, ebenso wie wir dankbar verehren den König Friedrich Wilhelm III. in seiner stillen und scheinlosen Größe, den standhaften König, der die Zeit der Noth in Tugend verwandelte, den fürsorgenden Vater seines Landes, den um deutsche Freiheit und deutsche Wohlfahrt verdienten Fürsten, den Fürsten, der sein Leben und Wesen bezeichnete, da er seinen letzten Willen mit den Worten anhub: »meine Zeit mit Unruhe, meine Hoffnung in Gott!«

www.ingramcontent.com/pod-product-compliance
Lightning Source LLC
Chambersburg PA
CBHW021736220426
43662CB00008B/880